故宫珍藏善本

邵子易数

（宋）邵雍 撰
周浩良 整理

九州出版社
JIUZHOUPRESS

图书在版编目(CIP)数据

邵子易数 / (宋) 邵雍撰；周浩良整理. ——北京：九州出版社，2012.10(2022.1 重印)

ISBN 978-7-5108-1700-7

Ⅰ. ①邵… Ⅱ. ①邵… ②周… Ⅲ. ①《周易》—研究 Ⅳ. ①B221.5

中国版本图书馆 CIP 数据核字(2012)第 223988 号

邵子易数

作　　者	(宋)邵雍 撰　周浩良 整理
出版发行	九州出版社
地　　址	北京市西城区阜外大街甲 35 号(100037)
发行电话	(010)68992190/3/5/6
网　　址	www.jiuzhoupress.com
电子信箱	jiuzhou@jiuzhoupress.com
印　　刷	河北华商印刷有限公司
开　　本	880 毫米×1230 毫米　32 开
印　　张	9.5
字　　数	350 千字
版　　次	2013 年 1 月第 1 版
印　　次	2022 年 1 月第 3 次印刷
书　　号	ISBN 978-7-5108-1700-7
定　　价	32.00 元

出版说明

本书收录《邵子易数》与《增补详注六爻一撮金易数》两部著作。《邵子易数》是明代喻有功对邵雍易学所作的整理与发挥，本书为清代王通瑞删订后版本。《增补详注六爻一撮金易数》为明代刘伯温在邵雍所著《一撮金易数》基础上增补加注而成。

此次整理《邵子易数》以故宫珍藏的清道光庚寅年京都三槐堂刻本为底本，《增补详注六爻一撮金易数》以故宫珍藏的清康熙年间抄本为底本，文字上保持古籍原貌，简体横排，方便读者阅读。

邵子易数序

粤自易之以书契，即使万古事迹，昭然在目者系乎文，而使万古事迹，统之于编年纪月，屈指可得者，则又不专系乎文，而兼计之以数矣。於戏！数之为用大矣哉！第世多谓数易知往，而难知来，殊不思既名曰数，来犹往也。譬之千万年未来之夏，皆知必暑，未来之冬，皆知必寒。夫人事未来之得失，运会未来之盛衰，即千万年未来之寒暑也。《易》曰："数往者顺，知来者逆。夫易，逆数也。"数其数而来者难逃。可见虽百世之言，非虚语也。大抵因礼而损益可知者，理也。理之所至，数亦至焉。彰往察来，至训昭垂，孰谓圣人不言数哉！况易之为书，含万有，包古今，非理固无以造其极，非数亦无以析其微。然自三代后，深得先天之奥，发挥理数之精，邵子一人而已矣。其著《皇极》也，统元会运世于一日，其理至精，其法至简，在当时，并未有所谓易数者。余年十有二时，曾遇一长白张佳氏讳赏格者，通晓《皇极》，尝以指画地，示余曰：此易数法也。汝将来得易数成书，其中有可取者，有不可尽信者，占时必参吾言，依时酌断，无不取验。惜乎余从学未几，即业清文，又攻制艺，久置此事不讲矣。至年几四十，果得《喻氏易数》一书，迥思素学，幸堪记忆。悉心此集，知非邵氏之旧，尚多先天之说，盖私淑邵氏而作者也。但其杂以后天，而附会其说，在所不免。如不删而正之，则无从会理数于同归，合往来为一致。于是，余不自量，尽去其冗杂，重加厘订。其所存者间有鄙陋，不敢过改旧文，仅将余之所学，及占而验者，别为一帙，以续于后，附之梓，氏以公诸同好。自知见笑于大方，未必非行远登高之一助云尔。

道光五年四月廿三日

潘阳王氏通瑞序于漱石山房南窗下

臆　说

一卷图象俱未备载，欲详图象说，宜观《来注》。

一卷内有仿天星神之说，俱删去。

一卷所引占验多端，凡择焉不精者，俱删去。

一卷内引《左氏》处，俱加旁批，以著用法。

一卷内凡次叙颠倒者，俱依次叙之。

一卷内有语句粗俗处，未敢尽改，姑存其旧。

一卷内多用法失当处，俱在六卷中驳之。

一卷内有推古今年运数，与《皇极经世》异者，俱删去。

一卷内有听言观方取卦，法近梅花数者，俱删去。

目　录

邵子易数

邵子易数卷之一

邵子易数卷之二

邵子易数卷之三

邵子易数卷之四

邵子易数卷之五

邵子易数卷之六

增补详注六爻一撮金易数

邵子易数卷之一

伏羲太极图

易有太极，是生两仪，两仪生四象，四象生八卦。此图乃伏羲之所作也。外一圈者，太极也。中分黑白，阴阳也。黑中含一点白，阴中之阳也。白中含一点黑，阳中之阴也。阴阳交互，动静相倚，而周旋活泼，妙趣自然。其圈外左方，自复一阳驯至乾之三阳，起震而历离兑以至于乾是已。右方自巽一阴驯至坤之三阴，自巽而历坎艮以至于坤是已。其间四正四隅，阴阳纯杂，随方有位。盖太极含阴阳，阴阳含八卦之妙，不假安排也。夫观此图，则阴阳浑沦，不外乎太极，而亦不离乎阴阳者，先天之易也。周子太极图，则阴阳显著，是皆太极之所为，而非太极之所倚著，实后天之易也。然而先天所以包括后天之理，后天所以发明先天之妙，明乎天之浑沦，则先天而天弗违，太极之体立矣，明乎道之显著，则后天而奉天时，太极之用行矣。若徒玩诸画象，谈诸空元，羲周作图之意荒矣。故周子诗云：书堂兀坐万几休，日暖风和草色幽。谁道二千年前事，如今只在眼睛头。[①]（是太极之旨，非容有分外，一举目之间，斯可以默契其妙矣。）

---

① 〔眉批〕此易之天图起法。皇极经世及起事事物物皆依此法，勿轻视也。此书图不全，全图兼考读本周易可也。

伏羲始画八卦图

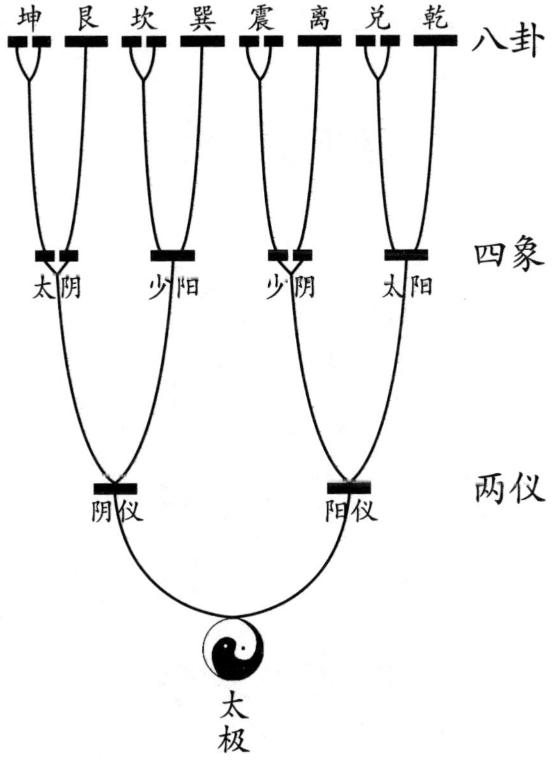

此明伏羲始画八卦也。八卦为卦之小成。（三画而成。）乾一、兑二、离三、震四、巽五、坎六、艮七、坤八。伏羲不是逐卦如此画，只是自太极（理也。）生两仪，两仪生四象，四象生八卦，所谓始画八卦者此也。朱子曰：爻之所以有奇耦，卦之所以三画而成者，皆是自然流出，不假安排。此易学之纲领，开卷第一义。然古今未见有识者，至康节先生始传先天之学而得其说，自此伏羲氏之易始明于世云。

邵氏先天图

天地四象之图

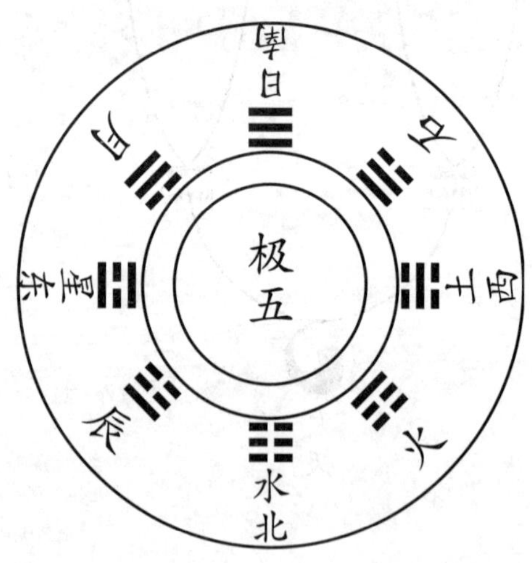

乾南坤北，离东坎西，以四正卦（乾坤离坎反覆，只是一卦。八卦中以此四卦为四正卦。）居四方之正位。震东北巽西南，艮西北兑东南，以二反卦（震反为艮，巽反为兑，本只震巽二卦，反而成四卦。八卦中以此四卦为震巽之变卦。）居四隅不正之位。合而言之，天位乎上，地位乎下，日生于东，月生于西，山镇西北，泽注东南，风起西南，雷动东北，自然与天地大造化合，先天八卦对待以立体。如此，其位则乾一坤八，兑二艮七，离三坎六，震四巽五，各各相对，而合成九数。其画则乾三坤六，兑四艮五，离四坎五，巽四震五，亦各各相对，而合成九数。九老阳之数。乾之象无所不包也。造化隐然尊乾之意可见。方八卦之在横图也，则首乾，次兑，次离，次震，次巽，次坎，次艮，终坤，是为生出之序。及八卦之在圆图也，则首震一阳，次离兑二阳，次乾三阳，接巽一阴，次坎艮二阴，终坤三阴，是为运行之序。生者卦画之成，而行者卦气之运也。乾坤父母也，震巽长男女也，坎离中男女也，艮兑少男女也。乾统三女，坤统三男，本其所由生也。

李邵渊源

宋邵康节先生受学于李挺之，著《皇极经世》。其命象定数之法，俱在《观物内外》篇中。大而天地始终，小而人物生死，远而古今世变，无不该贯。盖得伏羲氏画前之易，而发四圣之所未发者。要其旨归，与易实不相悖，而同出一太极，非自成一家也。夫太极者，气之理，皇极者，气之用。理不离乎数，数因理而有。具天地阴阳之理者，易也。所以体天地阴阳之理，变易以从道者，心也。心不能静，则无以决天下之疑，成天下之务矣。[①] 是以为学之要，必先扫除杂念，收敛身心，以有为为应迹，以明觉为自然，久而行之，则志气清明，义理昭著，而理数自然贯通矣。昔张子厚为商洛令时，屡过康节先生之庐，拜而问之曰：此学几日可尽？先生曰：本无多事，以子之才，顷刻可尽。须弃却仕宦，静养十年，使尘虑消散，自然有得。邢恕叔和来学，援引古今不已。先生曰：姑置是。先天未有许多话，且当虚心使胸中荡

① 〔眉批〕学易、占易、断易，此即妙诀。

然无一事方可。故其诗曰：若论先天一字无。又曰：拔山盖世称才力，到此分毫强得无。他日又曰：数学非十年不成。由是观之，可见数学以静养为先也。盖心静则胸次玲珑，而物来顺应矣。鲁斋有云：先天之学，纯乎天者也。非纯乎天之人，不可轻授。[①] 盖以此数藏前知之妙诀，泄造化之元机，非其人不能明，非德行不足守。此康节先生所以不授邢和叔也。

六十四卦图说（经世衍易，即先天图）

邵伯温曰：乾之数一，兑之数二，离之数三，震之数四，巽之数五，坎之数六，艮之数七，坤之数八，交相重而为六十四卦。乾兑离震在天为阳，在地为刚，在天则居东南，在地则居西北。巽坎艮坤，在天为阴，在地为柔，在天则居西北，在地则居东南。阴阳相错，天文也。刚柔相交，地理也。西山蔡氏曰：八卦之数，乾一、兑二、离三、震四、巽五、坎六、艮七、坤八，先天之序也。一一为乾以至八八为坤，参伍错综，无不备也。圆者为天，方者为地。一

① 〔眉批〕一言道尽，当深味之。

二三四为阳，五六七八为阴，即先天图也。一一起于南，八八终于北者，以少为息，以多为消也。

伏羲规横图为圆之图[①]

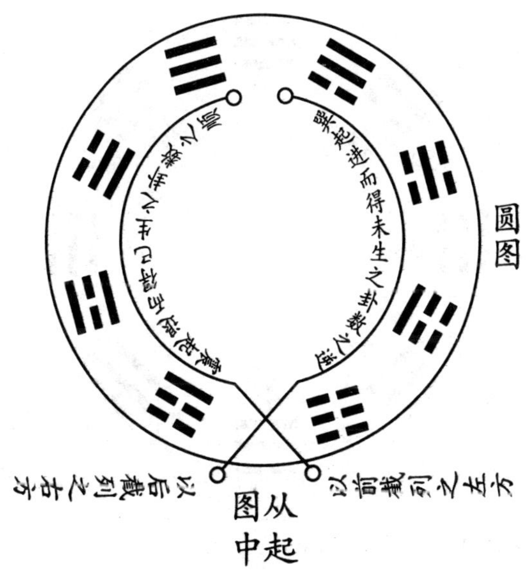

坤艮坎巽　震离兑乾　横
八七六五　四三二一　图

① 〔眉批〕以已生为顺，未生为逆。已生自八四起至一一，未生自一五起至八八，皆逆数。故曰：易逆数也。

后天八卦方位之图

邵子曰：顺天而行，是左旋也。皆已生之卦，故云数往者顺。逆天而行，是右行也。皆未生之卦，故云知来者逆。

圆图见天地之顺，方图见天地之逆。天地之运，不顺不行。天地之交，不逆不生。顺而行所以生物，逆而生物所自生。圆图自乾一至震四，自巽五至坤八，皆自南而北，自上而下，为顺。方图自乾一之八卦至坤八之八卦，皆自北而南，自下而上，为逆。

圆于外者天也。天气左旋而顺，起于子中。方于内者地也。地气右转而逆，超于丑寅之间。其卦画自然配合之象，巧妙如此。

已上诸图，皆出邵氏。邵氏得之李之才挺之，挺之得之穆修伯长，伯长得之陈希夷先生，所谓先天之学也。

《说卦传》曰：天地定位，山泽通气，雷风相薄，水火不相射。八卦相错，数往者顺，知来者逆，是故易逆数也。雷以动之，风以散之，雨以润之，日以烜之，艮以止之，兑以说之，乾以君之，坤以藏之。

图从中出

先天之学也，心学也。故图从中出，万事万化生于心。是以康节之学，本先天之易，尚象而不尚辞。盖欲以不言之数，如伏羲六十四卦，初无言语文字也。以六十四卦方圆图言之，圆图象天包于地外，方图象地列于天中，是一大阴阳相配也。分圆图而观之，自复至乾，得一百十二阳爻、八十阴爻，是阳数多，阴数少，即春夏之昼长而热也。自姤至坤，得一百十二阴爻、八十阳爻，是阴数多而阳数少也，即秋冬之昼短而寒也。此可见卦分阴阳，立两仪而主运，行不息之事也。分圆图而观之，西北十六天卦自相交，东南十六地卦自相交，其斜行则乾兑离震巽坎艮坤，自西北而东南，皆阴阳之纯卦，所以不能生物也。西南十六卦天去交地，天卦皆在上，而生气在首，故能生动物而头向上。东北十六卦地去交天，天卦皆在下，而生气在根，故能生植物而头向下。其斜行则泰损既济恒未济咸否，自东北而西南，皆阴阳奇耦之卦，所以能生物也。吾因是而知植物之命在乎根，动物之命在乎首也。又合二图而观之，方图乾处圆图亥位，谓之天门，是天气下降也；坤处圆图巳位，谓之地户，是地气上腾也。① 此南北十六卦，所谓阴阳互藏之宅。泰处圆图寅位谓之鬼方，否处圆图申位谓之人路。此东西十六卦也。天地交泰而生生不息，所以泰居寅而否居申，所谓阴阳各从其类也。夫圆图主运行之事，方图主生物之事。② 运行者气也，生物者质也。气非质则无所附丽，质非气则岂能资生？可见天有生物之气，地有成物之形也。

---

① 〔眉批〕卦一图或主此说，非《皇极》之所尚也。

② 〔眉批〕明如指掌。

原卦论时

夫易者时也，不知时则无以识化育之机、变通之妙也。故六十四卦曰时，用时义者，谓四季五行之时也，为用甚大。[①] 况否泰剥复时也，潜见飞跃时也，损益盈虚时也，出处语默时也，藏器待时，含章以时，损以应时而吉，节以失时而凶，蹇以识时而和，遁以识时而嘉，以时而涉川则有功矣，以时而攸往则有庆矣，以时而建侯则得民矣，以时而祭祀则受福矣，以时而田猎则获品矣，以时而婚媾则往而明矣。稽古帝尧垂衣裳，汤武革殷命，高宗伐鬼方，皆不外时耳。是以上焉至尊至贵固得此时，而富贵轩昂，下焉至贫至贱亦因失此时而贫贱蹇驳。岂独人为然哉？至于万物之出藏，草木之荣悴，亦莫非时。起数之法，专看此时字。看得透彻，则数务之烦，休咎成败，皆莫逃矣。

如占病，秋令遇土卦，上爻数尽气尽，不活，必死矣；秋令遇金卦，上爻数尽气不尽，虽凶不死之类是也。

---

① 〔眉批〕熟玩此，可神其占，可观其变，至于处天下事，皆可自此推耳。

四时论卦

[1]乾之为卦，秋得之为价高（金当令），夏得之而受制（火克金），冬得之而耗气（反生），春得之而干犯（金克木），四季得之而有益（土生金），见坎而沉溺（金生水），见离而成器（金因火而成器），见震而有声（金克木），见巽而有名（金克木），见坤为衣裳（土生金，乾为衣，坤为裳），见艮为矿石也。[2]（乾荒金见山，则有此象。）

兑之为卦，与乾同时，但作事不圆（兑为缺欠），而多暗昧（兑为少女），见乾而先圆后缺，见坤为金石之废器（金被土掩），见震为刀枪（兑为金之尖锐），见巽为箭镞（巽为阴木），或削琢之物，见坎为水中之物，见离经火之金钗（离为中女），妇人头上之物。

离之为卦，夏得之精神倍长，秋得之以时相反，冬得之为受制不佳，春得之有人资助，四季得之泄体，见乾为文书诏旨（乾君象，离火文明），见坎为废

① 〔眉批〕测伏占物以此。

② 〔眉批〕测物之法，惟看遇卦，巽时与爻位，则得矣。

物，见艮为瓦器（经火之土），或夜行之客（离为烛火，艮为幽径），见震为甲胄戈矛，见巽为文章书籍，或交易文书，见离为灯笼火烛之具，见坤亦为文书，见兑为锻炼之物。

震之为卦，春得之而气旺，夏得之而气泄，秋得之而受制，冬遇之而得生，四季得之而干犯也。见乾为钟磬有声之物，圆全而无伤，见兑亦为有声可击之物，但破坏而有伤损，见艮为可抑之物，见巽而有弃，或工巧之具，见离而有花纹，或文章纸笔之物，见坎而有生意，或水中应用之物，见坤为柔软之物。

巽之为卦时与震同，见乾兑为称衡，或琢削之类，见离为文章，或笼罩，见震为有声之物，木果之器，见坎为舟楫，为矫揉漆盏之类，见艮为笔，见坤乃土中之物。

坎之为卦，冬气旺，春耗体，夏得之为财，秋遇之而有助，见乾而形圆在上，为文诏辞词，在下为酒筵器具，见兑带口之物，见震巽为水桶盆甑，或竹木所生香簟木耳之类，见离为水火交成之物，见坤艮乃润泽之土也。

艮之为卦，春受制，夏逢生，秋泄气，冬为财，四季和平，见乾而破硬成器，见兑为缺物，见巽为草木，见震为木类，见离为瓦器，见坤乃土块石头，见震巽坎离相并，乃土壁之类。①

---

① 〔眉批〕八卦所遇亦兼时断方验。

坤之为卦也，与艮同时，见乾为方圆之器，可贱可贵，见震巽为文章，兑乃出土之金，为至刚之土石，见坎为水上所成之器，见离为文明，见坤为布，为酱，为柄也。

观变识物

凡观物以变卦为主，如乾初爻动变巽，乃金刀削过之物，二爻动变离，乃火炼之金，三爻动变兑，乃五金废坏之物，虽圆而破坏者。坎卦初爻动变兑，乃盛酒盛水之物，缺而坏也，二爻动变坤，乃土中之物，谷粟之类，三爻动变巽，大则舟楫，小则瓢杓盆桶之类。艮卦初爻动变离，乃火中锻炼之土磁器之类，二爻动变巽，乃土木之类生长之物，三爻动变坤，乃谷粟瓦器砖土之类。余仿此。推凡观物必先观形色动静，而后言之。盖天圆而地方，物之形也；天元而地黄，物之色也。乾刚而坤柔，物之变也。以此推无不验者。凡占物，先横书形体用色四字，为何形何体，再统而合之，为何物便可知也。

万物归一

一者，何也？理也。阴阳五行，物也。所以为阴阳五行则理也。无形之中，而具有形之实，有形之实，而体无形之妙，是以山木之多，不过木耳，河海之多，不过水耳，旷野之地，不过土耳，日用之常，不过水火而已。至于天地万物，圣贤豪杰，与夫飞潜动植，万有不齐，皆物也。天地虽超于万物之外，而实囿于理数之中。① 天地皆不能逃，况于人与物乎？人物之拘于数，犹鹰隼之在樊笼，虽极力腾跃，而莫能逃焉。然数之起例，知之者众，而断之能应者少。② 非先贤秘而弗传，学者泥于一偏，而少变通之妙，是以不验也。且皆圣贤之学，而非庸众所能知。盖五行化而为万物，万物合而为五行，自天一生木，至地十成之，数也。数既陈，而五行立于卦矣。善观数者，如珠走盘，活活泼泼，以物之五行，合卦之五行，参以生克之理，休旺之气，则一行一止，一饮一食，皆

① 〔眉批〕见真而言确。

② 〔眉批〕不熟故耳。

莫能遁矣。然推测之间，宜至诚不可浅易，可敬用不可轻用。夫然后久敬而心灵，心灵而口顺，斯得之矣。

观物存诚

昔者圣人之原数也，以决天下之疑，以成天下之务，以顺性命之理，而决疑之际，在乎存诚、主敬而已。不诚则中无实，不敬则心无主，颠倒眩瞀，安能析事辨理，彰往察来也哉！故必存诚主敬，凡意所萌动，而偶闻偶见，偶言偶动者，皆先天之数也。但取其先闻先见者为例，所谓嗜欲将至，有开必先也。①起数时，或错起，或算颠倒，亦是数矣，不可更改。盖造物者默有自然乘除之机也。若观物之际，心有偏依，而乏主一之敬，则二三其德，又何应验之有？康节曰：数学非十年不可。十年者，正涵养德性存诚主敬之谓也。② 能敬则德聚而神存，吉凶不在鬼神而我在矣。故曰至诚如神，庶不致坠于数术之技矣。所谓观物存诚，此也。

---

① 〔眉批〕此说却不尽然。

② 〔眉批〕儒家理。

观物心易理数辨

夫易之为书也，覆帱天地之道，囊括万物之情，虽为卜筮而作，而义理未始不该。苟专以卜筮求之，则得之形而下者，遗其形而上者也。殆非体用一原显微无间之道。苟非专于义理以求易，则无以定天下之吉凶，决天下之得失，所谓解大疑释大惑者无自辨矣。岂圣人所谓无大过，吉凶与民同患之意哉！是故理者太虚之实义也，数者太虚之定分也。未形之用，因理而有数，因数而有象。既形之后，因象以推数，因数以推理。理与数，吉凶之几，造化之主也。造化无形，假象以昭其形。吉凶无迹，托占以著其迹。①故义之所当为而为者（至言极言），数之所知也。义之所不当为而为者，非数之所能知也。是以君子非义不占，非疑不占，非疑而占，谓之侮；非义而占，谓之欺。侮与欺，皆不应也。玩占之际，必先澄其心，静其虑，睿其思，聪其听，近取诸身，远取诸物，察其感触之何如耳。感触为我之休咎，则应在我；感触在

① 〔眉批〕邵氏书所以见圣学之精也。

彼之休咎，则应在彼。如卦吉应吉，互变皆吉，是谓之大吉，则动罔不吉矣。卦凶数凶，而互变皆凶，是谓之大凶，则动罔不凶矣。卦吉应吉，而互变皆凶，先泰而后否。卦凶应凶，而互变皆吉，先否而后泰。静乃吉，而动乃凶也。复参以卦气之盛衰，日辰之相制，变而通之，化而裁之，则动静可求之端，阴阳可求之始，天地可求之初，而万物休咎，灼然前知矣。苟论数不论理，则局于象而泥于迹，不能变易以从道。论理不论数，则执于有而沦于无，亦不能以前知也。故曰论理不论数，不备，论数不论理，不明，理与数不可歧而二之也。学者潜心，久久自能融会其妙，愈用而愈神，殆非下士所能臆度也。

心易妙用

夫易者，性理之学也。性理具于人心，心即易也。当其方寸湛然，灵台无一毫之干，无一尘之染，斯时也，性理具在，而易之存吾心者炯如也，即先天之易也。及虑端一起，事根忽萌，物之著心，如云之蔽空，如尘之蒙镜，当斯之时，汩没茫昧，而向易之在吾心者泯然耳。故三要之妙，在于运耳目心三者之灵，俾应于事物也。然耳之聪，目之明，吾心实总乎聪明，盖事根于心，心该乎事，然事之未萌，虽鬼神莫测其妙，而吉凶无门可入。故先师曰：思虑未起，鬼神莫知，不由乎我，更由乎谁？若夫事萌于心，鬼神知之矣。吉凶悔吝有其机，莫能晓悟。欲预知之，以何道与？必曰：求诸吾心，易之妙而已矣。于是寂然不动，感而遂通，足以观变玩占。运乎三要，必使视之而不见者吾见之，听之而不闻者吾闻之，如形之见视，如音之闻声，吾心了然，则易为卜筮之道，而何尝专为卜筮之道？易在吾心也。[①] 此三要灵机虚应之妙也，至精至微，至变至神之理，百姓日用而不知，安得穷理尽性之士而与之论易！

① 〔眉批〕诚深乎易者也。

邵子易数卷之二

八卦性情所属

必兼四时看方，有乘除之妙。

乾主人刚正，语言真实，规矩方圆，丰衣足食，一生享禄，眼黑唇红，气格清秀。①

坎多狡诈，心乱不义，头大头长，有宿疾，多髭须，作事不定多改变（坎为小人，易防易见）。②

艮谄曲见浅，作事有头无尾，多成败，与人不诚。

震貌面长好装扮，作事多怪异，心难测，志大心高，无定见。

巽三峰面白，须长眼邪，心多嫉忌，性沉有语，

---

① 〔眉批〕得位得时为君父，为官长。不得时位，为僧为道。

② 〔眉批〕得位得时为聪明，不得位为小人。八卦皆然。

少悦多思，易喜怒，主山林。

离性急躁，发长鼻高，大身粗多智，虽有见识，多有头无尾，主文书（为小人难防难见，盖五行惟火无体藏于四行之中故也）。①

坤肥黑，面上多点，性温，沉重少言，作事多困，逢人面奉语柔，有始无终，主黑衣服。

兑主人莹白肥大，有志善忍，文通古今，事多机变，主金谷口舌。

八卦用变吉凶诀

乾变上为兑，乃天泽下究，宜博济下民。春为德泽仁人，夏为甘泽利物，秋成物，冬寒苦。金水命人吉，火凶。变中为离，日丽中天，宜趁时立勋。春融和，夏酷炎，秋成物，冬暖，五音平。火土命人吉。因时定断。变下为巽，风行天上也，宜顺时而出。春和气，夏或铺云作雨，或收云散雾，秋敛物，冬清凉。木水火三命人俱吉。

坤变上为艮，山积地上，自卑而高，宜积小成大。春夏长养万物，秋秀实，冬退华。土金命人吉。

---

①〔眉批〕得位得时为圣贤，为君。不得时位为小人。

变中为坎，孚陷涝地也，宜临深戒意。春夏阳浮虚陷，秋土实，冬化生。木命发旺，金沉木漂，火灭土陷。变下为震，雷出地中也，宜出达敬畏。寒谷生春，春分后荣显，秋平，冬隐华，五音皆平。

震变上为离，云雷收，日光见，宜兼善天下。春得令，冬雷隐，日暖安静，夏秋日炽，水木宜之。变中为兑，雷雨交施，宜德泽于人。春夏秋生成万物吉。冬雷隐而结灾迍，水木土宜之。变下为坤，雷入地也，宜敛身自养。立春前，秋分后，恬静，冬索寂无闻，五音皆平。

巽变上为坎，风行水上生皱文也，宜守静观变。春风解冻，夏涸坎，秋激浪荡舟，冬结冰，能涣散凶事。火命大畏之。变中为艮，风入山林，君子握麾持节，常人宜守。春风草偃，夏林茂，秋零落，冬枯枝，木火吉。变下为乾，徐风扫汉也，宜坐享清泰。春暖夏飕，秋爽冬温，四时静寥，和风晴明，五音吉。

坎变上为巽，海角生风也，宜渐进而升。春夏化露滋物，秋结果实，冬结霜冰。木吉，随时而用。变中为坤，水入地而寒也，宜养晦韬光。春夏旱，秋冬合理。金得养木滋培，水阻滞逐决而流。变下为兑，地底生寒，困塞也，宜守贞自逸。春夏润泽，秋盈坎放海，冬冷。金水吉。

离变上为震，云雷蔽光，暖昧也，宜暗中寻明。春雷启蛰，夏雷行雨，有代天之权，秋成物，冬生寒。金木大吉。变中为乾，日入乾天，落辉也，宜保天年。春夏阴晦，寡和合，秋冬日落，霜雪生寒。金火中吉。变下为艮，日入昆仑也，宜回光自照。春明晦相半，夏平，秋冬日入山，晷长景短，从容待变。木火吉。

艮变上为坤，脱险峻履平坦也，宜弃荣就遁。春夏山色锦绣，四季尤佳，秋冬平安。金木土宜。变中为巽，风生谷口也，宜险处求安。春夏草木盘根，秋冬万物摧损，独金吉。变下为离，日出扶桑，初旦也，宜升上近尊。春夏洞晓明彻，秋晦如日入西者，冬凶，反时也。木火吉。

兑变上为乾，雨收天净，万籁皆清也，宜从容自得。春有干犯之嫌，夏雨旸合期，秋天清泽霭，冬凝结当富饶。金水宜之。变中为震，雷动雨霖也，宜启瘁发枯。春及时膏雨，秋西成丰利，冬雷伏隐静。木土吉。变下为坎，雨积盈科也，宜流滰逸乐。春润泽，夏荣舒，万汇不求自富，秋及时，禾秀多称，冬浸淫，或德泽，五音吉。

以上看法颇开人心思，触类旁通，思过半矣。

端卦例

乾为父，老生，官员，宝马，金，珠，上，玉，天，贵，骨刚，头，冠冕类，镜，涵，冰，水果，元元。

金牛满腹布文章，釜柄车舆载地黄。黍稷衣裳盛瓦器，上中即墨是坤方。

长男初发足，树木萑苇绿。草果动繁藓，柴桑兼核竹。五雷震动百虫啼，碧碧青青井绿宜。竹器可将名乐器，三春桃浪拔龙须。

长女作僧尼，仙人送锦鸡。工匠巧，羽毛奇，风绳洁白箭竿枝，笔直清香分草木，木鱼股气百禽啼。

中男两耳如冰雪，长江月色开昏黑。为酒为霖为核仁，水族鱼盐同豕血。

中女离南日电明，霞霓紫赤动坚兵。披甲胄，开炉灶，槁木虚心烈火行。鳖蟹雉龟螺壳眼，书吏文人花木情。

手指少男鼻嘴长，诸禽百兽狗山獐。瓠瓜石上藤萝背，道路鼠门入艮乡。

肺气金钟口舌频，兼铜带铁断刀轻。羝羊白泽瓶壶器，巫女歌娼总兑名。

卦爻分君臣

六十四卦，乾卦纯君象，坤卦纯臣象，明夷卦指上六为暗君象纣，六五为箕子象臣，余皆五君二臣，看来自五君外，诸爻皆臣位。特有远近之分说者，谓四为大臣，以近其君也。又多称二为臣，以其正应也。六三或从王事，三非臣欤？初则臣之最微者，所谓在野，曰草芥之臣是也，亦取民象。蛊之上九高尚其事，又臣之隐居者焉。代渊曰：六十四卦皆以五为君位者，此易之大略也。其间或有居此位而非君义者，有居他位而有君者，斯易之变。盖圣人意有所存，则主义在彼，不可滞于常例。王晦叔曰：不为君位者，其卦有四：坤也，遁也，明夷也，旅也。坤对乾以明臣之分。明夷亡国，纣是也。旅失国，《春秋》书公逊天王出居是也。遁去而不居，大伯伯夷之事也。此四卦所以不为君位也。

爻分三才

三画卦下爻为地，中爻为人，上爻为天。六画卦初二为地，三四为人，五上为天。《说卦》曰：立天之道曰阴与阳，立地之道曰柔与刚，立人之道曰仁与义。兼三才而两之，故易六画而成卦也。

爻分中正

阳爻居阳位，阴爻居阴位，为正（初九、九三、九五为阳爻之正。六二、六四、上六为阴爻之正）。阳爻居阴位，阴爻居阳位，为不正（九二、九四、上九为阳爻之不正。初六、六三、六五为阴爻之不正）。二五为上下两体之中，三四为一卦全体之中。《系辞》谓非其中爻不备，又指去初上独互中间四爻。言中也，刚中柔中，当位为正，失位为不正，皆《彖传》所取。

八卦形象镜

乾

元亨利贞，正大忠厚，具圆转周旋之体，有亢悔刚健之性。[①]

天：中爻变，晴。上下变，雹。云行雨施，品物流形。

地：京都，坛社，官所，上下变，为宫殿。所以有坎为宫殿之言。

时：秋，甲己子午年月日时。

人：君，父，老人，王侯，富贵。

事：多动少静，明正大方，官事。

身：首，肺，上下变，骨。

动：马象。

静：金，王冠冕，五金铜铁黑，角钟磬。

屋：公廨，关，驲。

宅：上爻变，秋吉，富贵宅屋。

---

① 〔眉批〕此法必细观爻位与遇卦之生克合泄，四时之生旺休囚，爻位之高低，无不验者。

婚：声名之家，宗室。

食：带骨肉，圆果，鸡子，凫，猫。

产：贵子，秋吉。

名：刑官，天使。

财：公门之利。

行：西北，京都。

谒：利大人长者。

讼：健，贵人助。

茔：高亢，大穴。

姓：商音金旁氏，王赵斜王旁。

数：九，一。

方：西北。

味：辛。

色：大赤，元，遇坤亦为白。

疾：肺喘嗽，头为寒。

附金则五金首饰，附木雕琢之物。

附火陶铸炉，附水土沙土生金。

坤

含弘光大，镇静慈柔，合离则相生，震巽为克制，艮乃冲而相合，坎为财旺。

天：阴，土气，履霜坚冰。

地：乡里，田野，郊原。

时：戊癸辰戌亥年月日时。

人：后，老妇，人大腹，爻高亦为王，方正。

事：宜柔顺，田园土产。

身：胃，腹。

动：牝牛，马。

静：布帛，麻枲，柔顺物，土。

屋：矮房，村舍，营房。

宅：安稳，阴气。

食：土物黍稷，牛肉，野兽。

婚：乡村或寡妇，富贵之家。

产：春不利母。

器：鼎，金，瓦土。

名：司农，教职。

财：五谷，布帛。

行：乡里宜睦。

谒：乡友，阴亲。

讼：顺，得众心。

茔：平阳，近田。

疾：胃，脾，停，谷。

姓：官音，带土，王姓，阝旁文字，牛申车旁。

数：八。

方：西南。

味：甘。

色：黄。

附木则坎土山树林竹木。

附火砖瓦窑器，附金乃金描之器。

重土田野泥中物。

震

运动震惊之体，轩昂作为之性，虚名虚位，合兑为克制，合巽乃比和，坤艮为财禄，合坎则生，合离乃泄气。

天：大雷，阴雨，云雪。

地：关东，大涂，马头。

时：春，乙庚丑未年月日时。

人：长男，擎新人，乐工。

事：鼓噪多动。

身：足发。

动：龙，鱼，蛇，马。

静：竹，苇，蕃鲜，槁，纸。

屋：树木，楼，阁，大涂。

宅：秋虚惊。

婚：长男，名家。

食：蹄，肉，核果。

产：男动胎惊。

名：号令或主簿。

财：竹木，茶，宜动求。

行：山林，东向。

谒：名世家。

讼：反覆虚惊。

茔：林中穴。

疾：肝，足，鸣惊因怒。

姓：角音，走之足字，竹头木旁。

味：酸。

色：青碧。

数：四。

方：正东。

附水土竹木稼穑类，附金乃竹木雕琢之物，附火炮灾之物。

巽

性实体轻，进退动摇。

天：多风，霾翳日障天。

地：花果菜。

时：春夏之交，乙庚丑未年月日时。

人：长女，秀士，工人技艺。

事：柔和不定，与震同谋。

身：白服，四肢股气，寡发。

静：工巧，长器，绳。

动：鸡，林禽。

居：寺观，林中。

宅：利市，门户飘蓬。

婚：长女，斯文。

名：风宪，副，文职。

产：首胎女。

食：鸡，蔬。

器：床几凳台，三角物。

财：茶木三倍利。

行：东南，林荒。

谒：文人，佐贰，秀士。

疾：胆，股，风，气。

茔：林，藏风穴。

讼：宜和，风宪怒。

姓：角音，草首木旁，禾女系。

数：五。

方：东南。

味：酸。

色：青，绿，白。

附离乃笔墨纸书契钞图书之物。

重巽轻薄之物，附兑可食之物，附金雕镂木器。

坎

隐伏矫揉之象，流而不返之势。

天：月阴云见，坤艮为雾。

地：江浒，卑湿。

时：丁壬卯酉年月日时。

人：中男，江湖，盗贼，舟楫。

事：飘泊，柔陷，心事，淫欲，急事。

身：耳，血，肾。

静：水中物。

动：豕，鱼。

屋：近水，酒肆，宫室，牢狱。

宅：暗昧阴湿。

婚：中男。

产：次胎男。

食：鱼，豕，冷酒，海味，盐，醋。

器：弓，轮，舟辑。

名：河道兼鱼盐利者。

谒：江湖，邻人水近，捕鱼之家，盐职。

财：鱼盐酒，失陷。

行：涉舟，勿远去。

疾：耳，肾，浓血，冷泄。

讼：阴险淹滞。

茔：卑湿，水穴，得时为穴，不得时为尸骨。

姓：羽音，点水，心忄小皿水。

数：一，六。

方：北。

味：咸。

色：黑，亦为赤。

附火乃煎熬，陶冶砖瓦。

离

明白光大，兵家事故，虚诈难信，寄物欺人。

天：晴明，红霞，电光，星，日。

地：窑，冶，炕，燥，炉。

时：夏，丙辛寅申年月日时。

人：中女，君长，宗室，文人。

事：聪明，文学，虚假，火速。

身：心，上焦，目，大腹。

静：甲胄，兵器，槁木。

动：雉，蟹，龟，鳖，蚌，螺，有壳。

屋：虚堂，庙宇，窗。

宅：安恬明达，忌火。

食：雉，煎烧热物。

婚：中女，文家，宗室。

器：网罟，眼镜。

产：中女。

名：官炉，虚衔，冶场。

行：陆地，文书事。

财：文书之利。

谒：文卷，老案。

讼：明辨，文动。

疾：心，三焦，眼，热疫。

茔：高亢，无水。

姓：微音，旁四点，宋刘宗亲，古国姓。

数：三，七。

方：南。

味：苦。

色：紫，红，黄。

附巽乃书画钞，附木灰炭纸烛。

艮

天：黄沙，风尘。

地：土，山石，幽径，门阙。

时：戊癸辰戌。

人：少男，闲逸，山人，太监。

事：石工，山货，停止。

身：脾，指，背，鼻。

静：山，土路，门，稼穑。

动：猪，鼠，长嘴，啄禽。

屋：近路山居，幽隐之处。

宅：安逸隐静。

食：大笋，山菜，鼠。

婚：小童，村乡。

行：不宜远，前阻。

谒：仙逸士。

讼：牵连求止不决。

茔：山中穴，近路。

疾：脾，鼻，指，背。

姓：宫音，山土旁。

数：五，七。

方：东北。

味：甘。

色：土黄。

附水土泥沙石，附木禾黍草木。

兑

喜悦和柔之象，口舌是非之事，毁折附决。

天：星，雨泽，晴爽，雾散。

地：冈，原，卤，废井。

时：秋，八月己亥年月日时。

人：少女，妾，巫。

事：朋友聚论，悦，口舌谤。

身：大肠，舌。

静：钟，刃，缺物，上锐。

动：羊，大口物。

屋：近泽，败墙户。

宅：秋悦，夏口舌。

食：羊，泽物，马，鱼，鹅，鸭，酒浆。

婚：少女，口辨人。

产：夏损女胎。

名：武职，掌刑泽。

财：交易，费口舌。

行：勿远去，防口舌。

谒：言路，艺术。

讼：曲直不决，口舌。

疾：喉，痰，肠，舌，喘，诅。

茔：水穴或废穴。

味：辛。

方：西。

姓：商音，口缶金旁。

数：二，四。

色：白。

附火炉铸陶冶物，附木雕琢木器。

重金女人首饰之类。

夫二策既成，固足以定可否。若非卦爻比象，恐无以辨形势。何以断金短木长，乃锄之理，外圆内方，为钱之象。据此以推，则物无遗象矣。

四时衰旺

旺乃春木夏火秋金冬水四季土也，衰乃春土夏金秋木冬火四季水也。总之当生者旺，所生者相，生我者休，克我者囚，我克者死，生旺衰绝之定理也。卦分体用，推时下尔我吉凶之殊，互为事之中应，变卦为后之结果，顺以告来，逆以察往，非互变何以探其蕴哉！

起卦例三条

一大衍之数，读本周易，皆有成规，不必赘叙。

一小衍之法，以五十策分为二，命占者先取一把八除，按先天数取卦，得上卦。如一乾二兑之类是也。再取一把为下卦，亦如之。二卦既成，视为某卦。合二策取爻六除，自下而上，一初、二二之类是也。

一用二字取画占法，言为心声，字见心画。先书一字，一画为乾，二画为兑，八除先得上卦。又取一字，按字画八除为下卦。合二字再加本日之时，子一丑二之类，六除为动爻是也。易数占法最多，概删之。

一凡占者必先默祝曰：假尔泰筮有常，假尔泰筮有常，某官某姓名，今以某事云云，未知可否，爰质所疑于神之灵，吉凶得失，悔吝忧虞，惟尔有神，尚明告之。

起原策定例

卦有阴阳，数有多寡。阳爻得自三奇，三三见九。乃以四九因之，则四九三十六。故每阳爻，加三十六数。阴爻得自三耦，二三如六。乃以四六因之，则四六是二十四。故每阴爻，加二十四数。凡一阳五阴之卦，原策一百五十六。二阳四阴之卦，一百六十八。三阳三阴之卦，一百八十。四阳二阴之卦，一百九十二。五阳一阴之卦，二百有四。六阳之卦，二百一十六。六阴之卦，一百四十四。自阴而阳，自多而少，退之之义也。从阳而阴，自少而多，进之之义也。于此原策之内，方取演策，此一生二，二生三，三生万物之义。所以感应昭昭，神鬼莫测也。

起演策定例

凡起演策，先看原策若干，次看上卦动，下卦动。[1] 上卦动，以动因十，以卦因零。下卦动，以卦因十，以动因零。仍要知一转在千万上算，二转百十上算，三转零数上算。假如占值地天泰六五爻动，原策乃一百八十，是上卦动，该以动因十。又一转千万上算，五爻动，该下五十个一百八十，五的五千，五八方四千，共计九千。又以卦因零，坤八数，二转百十上算，该下八个一百八十，仍加原策一百八十，连前共计一万六百二十。三转零上算，算加坤八乾一，又加动爻五数，通衍得一万六百三十四，以究元会运世，而吉凶悔吝之道昭昭也。

算定三百八十四爻千百十零先天策数（要法捷录也），演元会运世，去万不算。

---

① 〔眉批〕卦数即先天之数。

三百八十四爻成策数

复 ䷗

上六	空七百八十二零	六五	九二二一	六四	七六六四
六三	六八七九	六二	六七二二	初九	六五六五

颐 ䷚

上九	一四四一	六五	九七六空	六四	八空七九
六三	七四空六	六二	七二三七	初九	六空六八

屯 ䷂

上六	一二七一	九五	九五九一	六四	七九二空
六三	七四空五	六二	七二三六	初九	七空六七

益 ䷩

上九	一八九五	九五	空空九四	六四	八二九三
六三	七九三二	六二	七七五一	初九	七五七空

震 ䷲

上六	空九三四	六五	九二五三	九四	七五七二
六三	七四空三	六二	七二三四	初九	七空六五

噬嗑 ䷔

上九	一五三三	六五	九七三二	九四	七九三一
六三	七九三空	六二	七七四九	初九	七五六八

随 ䷐

上六	一三五二	九五	九五五一	九四	七七五空
六三	七九二九	六二	七七四八	初九	七五六七

无妄 ䷘

爻	数	爻	数
九四	八空七三	初九	八空七空
九五	九九九四	六二	八二六三
上九	一九一五	六三	八四五六

明夷 ䷣

爻	数	爻	数
六四	八二四七	初九	六三八八
六五	九九二八	六二	五五五七
上六	一六空九	九三	五七六二

贲 ䷕

爻	数	爻	数
六四	八六五四	初九	五七七一
六五	空四五五	六二	五九五二
上九	二二五六	九三	六一三三

既济 ䷾

爻	数	爻	数
六四	八四七三	初九	五七七空
九五	空二七四	六二	五九五一
上六	二 七五	九三	六 三二

家人

上九	二六八六	九五	空七六五	六四	八八四四
九三	六五三九	六二	六三四六	初九	六一五三

丰

上六	一七一三	六五	九九一二	九四	八一一一
九三	六 三空	六二	五九四九	初九	五七六八

离

上九	二三空空	六五	空三七九	九四	八四五八
九三	六五三七	六二	六三四四	初九	六一五一

革

上六	二一空七	九五	空一八六	九四	八二六五
九三	六五三六	六二	六三四三	初九	六一五空

同人 ䷌

八五七六 九四 空六一七 九五 二六五八 上九

六五三三 初九 六七三八 六二 六九四三 九三

临 ䷒

八二四六 六四 九九二七 六五 空六空八 上六

三七空七 初九 三八七六 九二 四空四五 六三

损 ䷨

八六五三 六四 空四五四 六五 二二五五 上九

三九七空 初九 四一五一 九二 四三三二 六三

节 ䷻

八四七二 六四 空二七三 九五 二空七四 上六

三九六九 初九 四一五空 九二 四三三一 六三

中孚 ䷼

上九	二六八五	九五	空七六四	六四	八八四二
六三	四六一八	九二	四四二五	初九	四二三二

归妹 ䷵

上六	一七一二	六五	九九一一	九四	八一一空
六三	四三二九	九二	四一四八	初九	三空六九

睽 ䷥

上九	二二九九	六五	空三七八	九四	八四五七
六三	四六一六	九二	四四二三	初九	四空三空

兑 ䷹

上六	二一空六	九五	空二八五	九四	八二六四
六三	四六一五	九二	四四二二	初九	四二二九

履

上九	二六五七	九五	空六一六	九四	八五七五
六三	四九空二	九二	四六九七	初九	四四九二

泰

上六	二四三五	六五	空六三四	六四	八八三三
九三	二五三二	九二	二三五一	初九	二一七空

大畜

上九	三空七空	六五	一一四九	六四	九二二八
九三	二六九九	九二	二五空六	初九	二三一三

需

上六	二八七七	九五	空九五六	六四	九空三五
九三	二六九八	九二	二五空五	初九	二二一二

䷈ 小畜

上九	三四七六	九五	一四三五	六四	九三九四
九三	二八六五	九二	二六六空	初九	二四五五

䷡ 大壮

上六	二四九五	六五	空五七空	九四	八六四九
九三	二六九六	九二	二五空三	初九	二三一空

䷍ 大有

上九	三空六六	六五	一空二五	九四	八空空空
九三	二八六二	九二	二六五七	初九	二四五三

䷪ 夬

上六	二八六一	九五	空八二空	九四	八七七九
九三	二八六二	九二	二六五七	初九	二四五二

乾

上九	三四空空	九五	一二三九	九四	九空七八
九三	二空二九	九二	二八一二	初九	二五九五

姤

上九	二六六空	九五	空六一九	九四	八五七八
九三	一空二五	九二	空八二空	初六	空六一五

大过

上六	二一空九	九五	空一八八	九四	八二六七
九三	空三七八	九二	空一八五	初六	九九九二

鼎

上九	二三空二	六五	空三八一	九四	八四六空
九三	空三七九	九二	空一八六	初六	九九九三

恒

上六 一七一五　六五 九九一四　九四 八一一三

九三 九七三二　九二 九五五一　初六 九三七空

巽

上九 二六八一　九五 空七六七　六四 八八四六

九三 空三八一　九二 空空八七　初六 九九九五

井

上六 二空七七　九五 空二七六　六四 八四七五

九三 九七三四　九二 九五五二　初六 九三七二

蛊

上九 二二五八　六五 空四五七　六四 八六五六

九三 九七三五　九二 九五五四　初六 九三七三

升

初六 八七五空
九二 八九一九
九三 九空□□
六四 八二四九
六五 九九三空
上六 一六一一

讼

初六 一九一二
九二 二一九五
六三
九四 八空七五
九五 九九九六
上九 一空一七

困

初六 一一六九
九二 一三五空
六三 一五三一
九四 七七五二
九五 九五五三
上六 三五四

未济

初六 一一七空
九二 一三五一
六三 一五三二
九四 七九三三
六五 九七三四
上九 一五三五

解

上六	空九三六	六五	九二五五	九四	七五七四
六三	空七六五	九二	空五九六	初六	空四二七

涣

上九	一八九七	九五	空空九六	六四	八二九五
六三	一五三四	九二	一三五三	初六	一□七二

坎

上六	一二七四	九五	九五九三	六四	七九一二
六三	空空六七	九二	空五九八	初六	空四二九

蒙

上九	一四四三	六五	九七六二	六四	八空八一
六三	空七六八	九二	空五九九	初六	空四三空

师

上六 空七八四　六五 九二二三　六四 七六六二

六三 空空空一　九二 九八四四　初六 九六八七

遁

上九 一九一八　九五 九九九七　九四 八空七六

九三 四二一九　六二 四空二六　初六 三八三三

咸

上六 一三五五　九五 九五五四　九四 七七五三

九三 三三三二　六二 三一五一　初六 二九七空

旅

上九 一五三六　六五 九七三五　九四 七九三四

九三 三三三三　六二 三一三一　初六 二九七一

小过 ䷽

上六	空九三七	六五	九二五六	九四	七五七五
九三	二四四六	六二	二二七七	初六	二一空八

渐 ䷴

上九	一八九八	九五	空空九七	六四	八二九六
九三	三三三五	六二	三一五四	初六	二九七三

蹇 ䷦

上六	一二七五	九五	九五九四	六四	七九一三
九三	二四四八	六二	二二七九	初六	二一一空

艮 ䷳

上九	一四四四	六五	九七六三	六四	八空八二
九三	二四四九	六二	二二八空	初六	二一一一

谦 ䷎	上六	空七八五	六五	九二二四	六四	七六六三
	九三	一五二三	六二	一四空五	初六	一二四八

否 ䷋	上九	一一七五	九五	九三七四	九四	七五七三
	六三	五一三二	六二	四九五一	初六	四七七空

萃 ䷬	上六	空六空空	九五	八九一九	九四	七二三八
	六三	四一二五	六二	三九五六	初六	三七八七

晋 ䷢	上九	空七六九	六五	九空八八	九四	七四空七
	六三	四一二六	六二	三九五七	初六	三七八八

卦	爻	数	爻	数	爻	数
豫 ䷏	上六	空一五八	六五	八五九七	九四	七三三六
	六三	三一一九	六二	二九六二	初六	二八空五
观 ䷓	上九	一一空七	九五	九四二六	六四	七七四五
	六三	四一二八	六二	三九五九	初六	三七九空
比 ䷇	上六	空四七一	九五	八九空一	六四	七三五空
	六三	三一二一	六二	二九六四	初六	二八空七
剥 ䷖	上九	空六二九	六五	九空六八	六四	七五空七
	六三	三一二二	六二	二九六五	初六	二八空八

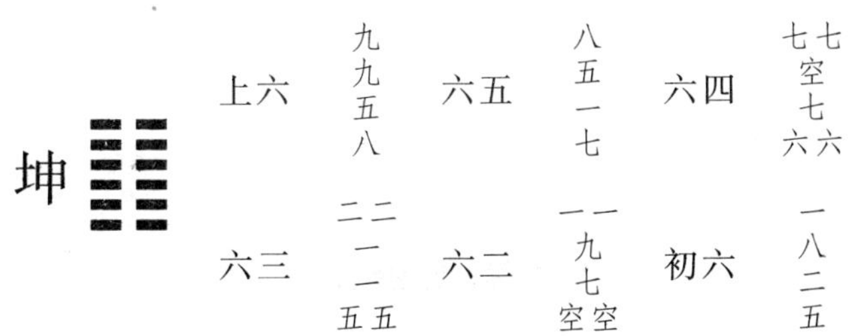

以上成局，先天数也。求算士算出各爻成数，以便占推。然其中或有错误，愿占者临时细加考算可也。

邵子论策

邵子曰：先天之策，阳爻用太阳之九，阴爻用太阴之六，变之常也。① 变之常，前圣显诸仁也。后天之策，阳爻用少阴之八，阴爻用少阳之七，常之变也。常之变，先圣藏诸用也。

① 〔眉批〕当加斟酌，恐未必然。

卜易变通论

据数以判吉凶，此易之正体也。然不以理数推之，拘一时之见闻，或有占之不验者，且如一二三四五为生数，当以吉论。殊不知五则生之极，而有卸意存焉。六七八九十为成数，亦当吉论。殊不知十则成之过而有败机寓焉。又如占得震为龙，若饮食得之，龙可食乎？类推之，鱼可也。占天时，震为雷，冬月无雷，拟议之撼风掀物是也。[①] 占时又不可不别坐卧行立之义。坐则主迟，卧则事寝，立则将行，行则应急。如此，然六爻动变之中，又有缓急之异。如一爻动，则事已经营而谋行。[②] 二爻动，主事已决而将动。三爻动，见诸行事。四爻动，行之至急。五爻动，行事已成。六爻动，动之过矣。若私意起，而反惑，有不行之义也。此类难以悉陈，要在触类。故曰，正占旁应，俱不可废。此变易之至要也。

---

① 〔眉批〕取舍皆可。

② 〔眉批〕旧说不敢尽废，辨缓急法后有定论。

卦数相成之妙

夫易之数，天地之数也。天地未判，是数涵乎太极之中。太极既判，是数行乎天地之内。故以日月星辰水火土石尽天地之体用，以寒暑昼夜风雨霜露尽天地之变化，以情性形体飞走草木尽天地之感应，以元会运世年月日时尽天地之始终，以皇帝王伯诗书易春秋尽圣贤之事业。自汉以来，一人而已。迨子伯温重道隐德，深探易数之源流，细参阴阳之造化，大则知国家兴衰、人物贵贱，小则知器物之朽坏、草木之荣枯。有如闻洛阳杜鹃啼，竹木宝罄响，已垂之青史矣。学者得其数而思贤圣之妙，非其人莫与谈也。

夫卦数未成，先当体日辰如何。若得好数，而日辰不生旺，有气而不遇时，亦徒用心；得恶数，而不生旺逢时，为害必小。

大凡衍易，先策其数，以定爻，得爻以定位，定位以明卦，得卦以观系，见系以言象，思象以著文，明文以取象，象定以求意，意定而后言其吉凶也。

凡取验易象，先用本卦之体而明定之，次用本爻刚柔得位失位而定之。又本爻上下无相害相比相侵而定之。又看上下有无应援而定之。其次用互体。其次用变卦而成之。亦须审上下远近刚柔而定之。其次五行胜负而定之。以后方取天地水火山泽雷风之象，健顺动入陷丽止悦之义写之以示于人。此其八卦变革化成万物之象也。①

年卦为上爻，月卦为五爻，气卦为四爻，候卦为三爻，日卦为二爻，时卦为初爻。盖天之道，自冬至之日，夜半子时，为一岁首，至亥为终。从微至著，积时成日，以日成候，以候成气，以气积至四季而岁成矣。故易者业资。九圣时历三古，不坠于秦，复兴于汉，实以顺性命之理，故曰立天之道曰阴与阳，立地之道曰柔与刚。兼三才而两之，以六画成卦，分阴分阳，迭用柔刚，故易六位而成章，斯之谓与！

迟速断例

吉凶祸福，须精研之。或时吉方吉而位不吉，或时凶方凶而位不凶者，合二吉一凶，二凶一吉，此有救援，实减其半，应在迟。其卦时位三者中，得其一吉，亦略有吉。大抵凶多吉少，则凶必至，但稍迟。值吉多凶少，则吉耳。盖凶多吉少，则凶亦不能转其

---

① 〔眉批〕此论拘。

吉。断法以卦为最要，时与方略次之。如三者皆吉，则以吉论，其迟速以坐立为主。① 如二卦合十数，睡则十日内应之，行则三四日应之，立则三分取一之位，坐则五日应之。中分而言，无救则取前论以断之。如有救，则用九因之法以验其年月日。九因以二卦正数合为一卦，如推年之例。

定事应迟速例

夫元会运世之数，备载年月日时，可辨时下吉凶。其日后之应，结果休戚，迟速又不可不预知也。即先天干支之数定之，屡有左验。② 甲己子午九乾，乙庚丑未八巽，丙辛寅申七离，丁壬卯酉六坎，戊癸辰戌五艮十坤，巳亥单行四兑。又曰申酉亦是四兑，寅卯当作三震，巳午又为二离，亥子为之坎一，丑未又作五艮十坤。③ 假如元是二千，属火，火旺于巳，午应在巳，午年会是九百，属乾金，金旺于申酉，应在七八月。运是七十，亦是火，丙辛寅申七，应在丙

---

① 〔眉批〕未必然。

② 〔眉批〕当从甚。

③ 〔眉批〕独在元会运上十五，以日期看，单日十五皆为艮，双日十五皆为坤。

申丙寅日。世是六数，应在丁酉、丁卯时。看生数宜求旺日，看死数照甲己子午起，顺之知来，逆之知往，迟速之机决于此矣。

甲己子午等语是就卦断日期法，四九为乾兑等语是就元会运世之单卦断日期法。善占者观动爻与静爻，反覆观之，则即可得说矣。

邵子易数卷之三

天 时

天气下降为雨，元生会数之间。地气上升为云，会生元数之上。数逆而偶为久雨，数顺而奇为久晴。一阴一阳，时晴时雨。一逆一顺，或晦或明。缺运者不见日光，缺世者难逢月色。会二七而世一六，朝晴暮雨。[①] 元三八而运五十，旦风夕云。又以通变之爻决远近之期，久晴逢缺而雨，久雨逢断乃晴。一六阴雨而终不晴，二七炎日而必无雨。三震雷电，八巽风霜，四兑泽雨为霖，九乾晴明为日，五坤十艮乃晦乃晴。

乾兑坎居元生会，有雨无疑。离居元生会，乃先晴后晦，微雨潇潇。震巽居元生会，晴必有风，或雷雨交作。乾兑居会生元，亦主阴雨。又如离居会生运克元，无雨。艮克元，雨即止。坎克元，先晴后阴。乾兑克元，不雨即风。坤克元，无雨。震巽克元，微

① 〔眉批〕坎见乾有雨，见坤即晴。

雷不雨即风。一六克元，雨从北来。三八克元，风自东起。四九克元，雨临西止。不合局者不应。

风雨赋

造化之功用难测，理数之元微可据。乾象乎天之圆明，而四时顺布。坤法乎地之重浊，而一气混融。乾坤两全，晴雨时变。坤艮两立，阴晦不常。数有阴阳，画有奇偶。奇阳偶阴，阴雨阳晴。重坤为老阴之极，阴极阳生。重乾为老阳之极，久晴必雨。若重坎重离，一日时晴时雨。坎为水必雨，离为火必晴。乾兑之金秋晴明，而冬雪冽。坤艮之土春阴沉，而夏蒸溽。艮为云，巽为风，风云际会。乾兑乃雪霜雹霰。离火为日电虹霓。离电震雷会合，而雷电交作。坎雨巽风相逢，而风雨骤至。震卦重逢则雷惊百里，坎卦叠见则润泽九垓。故卦体之雨逢依爻象之总断。地天泰、水天需，昏蒙之象。天地否、水地比，黑暗之义。见纯离而夏必旱，见纯坎而冬生寒。既济、未济四时不测风云。中孚、大过三冬必然雨雪。蹇、蒙百步必须执盖。升、观四时不可行舟。离在坤上，暮雨朝晴。离在震宫，暮晴朝雨。巽在离，虹霓乃见。巽在坎，造化亦同。震离为雷为电，应在夏天。坎水为霜为雪，形于冬月。大小畜则皆生风，大小过则皆有雷。

年　运

春得夏数者，民多疾疫，总依月令。

西　成

三八为禾，五十为田。坤艮并而田土相宜，震巽同而禾苗挺秀。体受克，秀而不实。变受克，实而不收。变体相生，收成吉兆。离多主旱，坎重必淹。坎巽生体而雨顺风调，坤艮同逢而年丰岁稔。本卦言其始，变卦言其终。互上吉则早禾收，互下吉而晚稻秀。兑巽相并，主有虫蝗。坤巽重逢，乃登百谷。巽克体主风不调，兑克体而虫必损。

乾兑起刀兵，震巽属木荣。巽风逢秋死，离旱火为云，坎流佣莫布，坤厚有收成。乾兑贵财帛，震艮豆麦丰。巽风损草木，离禾主生蠹。

运　会

元为君主，会为辅相。会受克，群臣有凌上之威权。元克世，明主有远谗之刚果。

元为宗庙，生运则社稷巩固。世作皇嗣，生运则善承丕业。天子为运，不宜与世冲刑。臣乃会数，最宜与运比和。上下来生，四海咸知尊圣主。内外纯克，八方无不动干戈。会刑世则奸臣擥柄，若值退则科道缩头。运遭克而世来扶，大变处武功有助。数值进而离来，太平年文官守成。

军　旅

全体者得权，空缺者无势。元为帅，会为将，运为兵卒，世为甲胄。正卦之策为我，变卦之策为彼。元空大将失利，会缺小将无为，运断人马有伤，世绝甲兵不足。彼数强者则深沟高垒以守，彼数弱者则坚甲利兵以攻。数多克其元，获其卒伍。数盛临其运，破其阵势。我数空三位二位者失陷而回，彼数缺元策运策者战败而去。逆数不可往，顺数方可攻。下生上者大将成功，上克下者师人听命。彼克我数为我败日，我克彼数为我胜期。乾兑而兵甲坚利，坤艮而城郭完固。① 彼势向南者我宜向北，彼势向东者我宜向西。盖取受克之方以决必胜之理。坎艮来克我运，须防山水埋伏。数少来合我多，定然卷旗来降。出征时卦喜进顺，安营处数乐满合。一六居体恐陷寨，二七克运防火攻。元木绝知无粮草，数若退伊动退心。观彼势旺之方可遁可避，乘我所克之地乃战乃攻。善守宜择生气地理，临征要选旺相天文。

堪舆

体为主，用为宾。体为人，用为坟。乾兑宜山首之穴，坎兑宜近水之滨。艮巽乃山湾之所，坤宜平阳地，而艮近山田小径古坟之处。震宜路旁平岗之穴，山腰所居，震巽宜竹木钟鼓声音之所。

又艮乃本体，坤为根源。坎在巽则水自东南，坎在乾则水自西北。在阳左至在阴右，来广见乾，离涸亢之所。

---

① 〔眉批〕以本卦占总宜细查世之何如。

艮多为绝顶峰峦，巽多为深林洞谷。坤近田舍，兑近泽溪。无震巽则树木稀，有乾兑则树木损。互克体为鬼爻多犯。

生体者福荫后昆，克体者灾生眷属。乾兑乃西北之向，震巽为东南之地。

乾为父，坤为母。阴卦女墓，阳卦男墓。变在内，乃新阡。变在外，乃远祖。见离必是新迁，见艮改之不宜。缺十难存身，缺零必绝嗣。生数有益，逆数多灾。亦以十零定其坐向，震东兑西类是也。元乃椁，会棺，运骸骨，世衣衾。此四象之在内者，元为长上，会为亲友，运为夫妻，世为子息。此六亲之在外者，运世数战十葬九不安，缺十改须急，多缺皆不利，全备乃为奇。

凡占茔地，四数俱宜进顺四柱，不宜休囚。二七生体，穴必高朗。三八益运，后宜荣显。世运争克，骸不安而后必贫。上下比合，葬后而安，嗣定发。运克会而父母不吉，世泄体而子绪飘蓬。缺元不守祖业，少会定离父庄。运空身与妻灾，世缺子息逃窜。离主文明，克之断作火厄。坎为洪流，冲之必是水没。

卜筑

十为坐山，零乃方向，又为朝案。

求田者五十不可缺，问舍者三八须要全。顺生者吉，逆空者凶。全数家宅安，空缺门户灾。二七无制，火灾必然多事。四九有气，金帛利益荣昌。生内乃富贵之家，克外乃势利之人。生外贫窘，克内耗散。元会缺，父母祸连。运世空，妻子灾重。父母忧来，重克重战，祸患相侵，多缺多空。秋得夏数者，疾病相生。夏得秋数，灾殃必至。生旺增百福，休囚多灾屯。元克运，防有官灾。世克十，恐致盗贼。内生外者财散，外生内者钱多。奇数盛，其家少女多男。偶数盛，为人少男多女。顺数必发，退数必衰。旺木克土招穿窬，三金制木防倾圮。

乾坤家宅定安稳，震巽门户生虚惊。离主离散，兑乃口舌。坎逢克而赀财耗散，乾受生而金帛满盈。内克外，己制人。外克内，人谋己。克我旺盗贼侵凌，克我衰小人退避。乾为老人，艮少男，震长男，坎中男。离在夏，宅内光明。兑在冬，宅门暗昧。离与巽并远信文书，坎与兑相和来交易。离盛约震巽，无十书必主火惊。坎盛遇乾兑，非交易必多丧失。体衰而见克者必主多事，体盛而见克者亦主病人。

变克我须防官司，体互不和家多疾病。阳多则男盛，阴多则女盛。

身 命

凡占身命，体为主，用为命，俱宜旺不宜衰。正数相生，五字有情，早年发福。正数无情，互变相生，晚运亨通。正数互变俱来生体，更遇五字有情，一生顺利。正数互变俱来克体，再见五字无情，平生艰苦。用逢顺进二气生体者发财福，用逢顺进气克体者损财物。

①纯阳逢时，聪明特达之贤人。纯巽逢时，爻位高者，为神仙异术高人。用体纯阳，五字又逢阳者，为孤，遇阴亦然。用居上九，人物高明。用居上六，人物偏傲。男命以体为主，女命体为夫命之死生运数。推究数之行运定位，而推定位即水火金木土周而复始，逐年太岁亦依五行推之，则可得矣。

① 〔眉批〕指卦言。

开 创

元为元祖，会为大宗，运为己身，世为子孙。无缺必能长久，有空岂得坚牢。三八逢二七必主回禄，五十生乾兑仅存瓦石，四九遇一六先看木朽。元数空者后不利于父母，会数缺者必见祸于兄弟，运数缺者身与妻灾，世数缺者子与孙绝。得顺数者先贫后富，值退数者先富后贫。

伉 俪

正卦之策为此氏，变卦之策为彼族。元会运世之位，祖父妻子之端。男数欲阳，女数欲偶。此夫为十，彼十为妇。女家占得反此，男族占之亦然。元数空不利于长上，会数缺不宜于兄弟。十数空夫妻两亡，零数空子孙俱无。阴剥阳则夫不永，阳胜阴则妇必伤。

元克运主婚不领金诺，会生身执柯愿与伐柯，世生运女人先有顺意，运生元妻家多要聘财。元空必无父母，世缺难得合偕。会空而元生运，不用媒人。元合运世合，妻而不告。世值进生财益子，数若退娶后屡空。

兑单逢木，未成而先见口舌。重见纯阳，早谐而又且忻悦。乾震多则坤艮有阻。体盛则吉，体衰则凶。体之上为外家，体之下为内家。冲时不遂，合时有成。定其日时，观其互变。互有克者，夫妻反目。变有克者，夫妻不全。我不克财强，而娶后贫。我既克财强，而娶后富。须齐克应，亦论爻词。以互爻为梯媒，以次数为男女。在阳而男人说合，在阴而女人结缘。

麟孕

外卦为母，内卦乃身中所怀。阳卦居内，或动是男。阴卦居内，或动是女。要分已临期、未临期。如正临盆之时得坎数居十，乃生门有水，阳极则阴生，纯乾生女，阴极则阳生，重坤必男。体为母，变为子。变阴生女，变阳生男。变克体，母亡子存。比和则吉。生亦不宜艮，主难。生坎为阴厄。乾为易产。兑乃不全。艮乃止极。震巽同而防病风。乘旺当时，不以此论。巽乾有制皆成，多是双生。艮坤不生，无气不能。两全时与变宜，顺时与体莫冲。何日何时取其互变。体生内则产，互生内渐生。变生内产迟，互无生者产期未定。变初与四应迟，二爻次之，五爻将生，上爻极速。

应 制

元为主考，会为房官，生身者试官高取，运为本身，世为文章，扶我者策论新奇。运旺作文有旨，世扶诗文宣时。二七生身文必胜，三八益体名高扬。顺满鳌头有望，空缺榜不填名。我克元文已下第，元克运试官嗔嫌。元若空主考不顾试卷，会值缺房官不荐佳章。运缺自失本旨，世空考卷差讹。大率小考乡试虽异，均用日主月建相扶。

体卦受上之生，名易成。若受克，则难成。生上则成迟，比和成速。互为时日，变为事之终。如变克体者，则总成亦不善终。若生比和则吉，乃主发解。

又如乾克体，则老人阻隔。艮为少男，坎为中男也。乾生体，则老人成就。坎中艮少亦然。

体卦旺，互卦生，如坎之遇乾，离之遇巽，必主名题雁塔，身到凤池。艮之遇坤，春天勿用，夏得此名利双美。艮者，止也，极也。乾坤两立，乾体则吉。坎离重逢，离用为佳。丧职失名，莫出乎坎艮。

失威损位，兑卦遇逢。兑，折毁也。犹艮止而坎陷也。离乃文书，逢克尤凶，遇生则吉。欲预知其年月日时，体下卦取。欲知日时，互之下卦取。

除授

内卦为官，外卦为禄。官克禄主荣迁，禄克官先有祸。世动为身，应为官禄，并居官之所。应克动，官禄荣进。动克应，丧位失职。动生应，我求进。应生动，人荐举。

元为朝廷之上，会为宰辅之间，运为己身，世为任所。上下不可逆，内外不可空。进数升上，退数失下。元会生体，官禄倍加。元会克体，必遭裁贬。元会泄体，徒费心机。离巽乃文章，乾兑为币聘。元五运二位近君王，上乾下坤出将入相。一六坎陷，二七离明，三八有声名，四九多美誉。二七逆体，文书忧恼。一六战体，笞杖灾伤。零空不利于民，运缺难存于己。父母丁忧因百数断绝，元数不全恐首先获罪。空两位者不吉，空三位者纯凶。缺运无吉遇者，赴任必死。三位逢战遭者，有罪必刑。阳数重为文职，阴数重必武官。乾坎坤兑位居西北，艮震巽离位必东南。元为君，生运者吉。运为臣，克元者凶。上下生身吉兆，上下泄体非祥。世克十恐有贼害。内生外赀财散失，外生内财物增美。奇数盛不利于女，偶数盛不利于身。欲知品级，以互下之卦取。如乾则令尹，或传驲宣命之官。因乾多动也。若坤艮，乃守土之官，或治田劝农之职。兑离乃主金银炉冶之任。乾兑为武职，巽离乃文职。乾巽乃财赋之官。乾在坎乃盐运，在巽乃参运，重坎则鱼湖漕运，重艮主草市山场。大抵互变克身，事多不成，或孝服剥，卸丧职，闲曹散秩，或难善终。合而冲，成则不遂，衰而终滞，旺则必成。

谒贵

元为贵人，会为承绍，上下俱宜生体。运为我，世为财贿，内外不可空亡。运和世，去必厚款，仍多助。元生身，见则重贿，且欢欣。元空，谒见虽勤不遇贵。世缺，贤能迈众亦无财。二七比，定有文书之美。四九和，决有金玉之助。数值进，即宜往谒。策若退，且莫临岐。

乾君子，坎小人。离巽文书，艮兑反背。体用总要比和，上下不宜战克。阴卦盛利阴贵，阳卦盛利阳贵。如坤艮之在春见贵不得，若重离之在夏为事乃成。体生用固不吉，内生外亦不宜。互克体用而不悦。若受克重，彼亦疾病。受泄重，彼亦空疏。体克用贵人不得见，用克体贵人亦不和。体生内，变克内，先喜后凶。变克内，体生内，先怒后悦。内外比和，贵人握手，前后相益，美事必成。

问财

元为财，会为食，运为己，世为人。元会数顺者得财得物，会世生运得财加倍，会克体得财而即散。生内吉，克内者无。一六水边得财，二七炎火中觅。三八乃材木，四九乃金银，五十田土之事。若会缺重重，方且致祸。乾金谷，坤丝麻，坎不成，艮乃止，兑终毁折，离主消磨。体克用乃无益，比和则吉。为体者莫生于用，为用者勿克于体。四时有气，理必有财，逢衰无益。财之数目体卦，取财之日时互卦求。

贸易

元为易主，会为牙人，运为我财，世为人财。元克世主人不用，会值空中人虚传。数若进，成而有益。策见空，买亦徒然。元会比，中人偏伊多估价。会运合，主谋护我不多评。世生我倍有利息，数值退亏本折钱。若退数生体，必主退后还成。

元克运，运克元，皆不成。运克会，减价，十生百，增价。巽乃文书，离亦交易。坎主不成，兑生口舌。坤艮乃山林土田，乾兑乃金银财货。乘旺者宜，逢冲不遂。艮多阻隔，离主贸易。上体克内而互卦生内，先凶后吉。互卦克内而变卦生内，无始有终。体互生内而变克内，久后不宜。体内乘旺而诸卦休废，事必益盛。体内旺吉，体衰终凶。生我者吉，非惟有益，亦主后利。克我者旺，非惟无益，恐后官司。日辰时体互变爻，依此断之，理无不中。

商贾

元为财物根本，会为财物货利。元会顺，买求其物必得。运世进，主与外人和谐。元会生体，财利加倍。元会泄体，无利可取。脱货求财，其理则一。头大尾小，折本无聊。欲求脱货者，泄体不妨。要求全美者，生体佳旺。会世逢空，有物无人问。若占行货，运为途间之应，世为欲往之方。会和运，路逢好侣。百克十，恐人盗谋。数值进，行多顺意。世若空，此去折钱。一六生身利舟楫，五十益体可途行。三处纯克恐有失陷，四柱顺满决无阻滞。

行旅

以上卦为外，以下卦为家。乾震主动，坤艮主静。坤艮变震终必动，震变坤艮终必止。兑主悦而勿争。内外受生，利有攸往。用卦受克，行则不美。变卦克身，往而忘返。互卦克体，久而无成。坎之为卦，险处生忧。艮之定卦，动而必阻。生体众往必获利，克体多行必有事。体更弱者有官事，更无救者恐身危。亦论爻词，又论克应，能行日期寄在互爻。

元为未去之初，缺则始焉有阻。会为方行之际，空而去也不成。运数空而中道不安，世数空而彼处多危。生内者获利千缗，克内者劳苦万端。三八克体防雷风，一六克体见雨阻。逆数不可往，顺数乃可行。空缺之数行则不归，克战之数荡而忘返。会空并无克，皆不利于行。零空不宜出，零乃足也，无足难行，势有必然。

来 归

乾震多动将来，坤艮多阻未起。兑乃愿来见阻，坎乃涉险而归。离巽在内则有喜事，进数居前常逢欢悦。一六者舟至，五十者陆来。空一位者生病，缺两位者身亡。生内即见到，克外无复来。体之上卦取行人之兆，体之下卦作自己之占。① 变生初爻临门已至，变生二爻行者近日必归，三四中途，五六未起。克应爻词其言可见，互生变卦其时可知。

近取日辰远取月，休囚旺相泄天机。

甲己子午加数断，百发百中验无疑。

乾震居零，克体即到，生体尤速。零空人不返，元空彼难离。又以上下二卦分内外，初爻变，行人欲动未动，五爻在外之中途，二爻乃近家之中途也。初二爻动，不久即到，三四爻居危疑进退之间，五六爻已动将至也。

① 〔眉批〕初爻非甚急则甚缓，至六爻则急必矣。

期　约

体生用不至，用生体乃来，克体不至。体生用宜去就他，体克用其来必迟。比和必至，艮坎多阻，离即相见。阳卦变阴爻来速，阴爻变阳卦来迟。动当震巽立至。初爻为足，二爻动，则来急，三四爻犹豫多疑。

盗贼　失物

零为彼类，十为此身。克入莫逃此矣。生出必损己物。物之失者，观零之位。物之得者，察会之爻。内生外者不见，外生内者易寻。八卦定方，四象明理。元为老人泄体者是，会乃少壮克体者强。二七失物，觅之灶窑之中。一六丧财，索之沟湿之地。三八居草木，四七傍金石。欲识为盗之人，须究成卦之策。坤艮得乾兑，必在州城。震巽遇五十，多藏沟壑。离在震，乃权要之家。坎遇兑，即歌唱之肆。重木遇乾，楼台之上。重艮见震，墙壁之间。坤若见巽，其理亦然。巽为信息，兑为口传。巽兑在元可问老人与父，巽兑在会得之朋友弟兄。巽兑在运，问人之妻。巽兑在世，问人之子。欲见服色者察其体，欲知冠戴者视其元。会为手执之象，世为足履之物。但以零为藏，十为身。大抵克我不可往，生体乃可求。运空世盛往必灾伤，彼柔此刚尤为大吉。离而盗贼败露，坤而恶隐多方。互生体易求，互克体难觅。体生互亦然。外看克应，且审爻词。变卦生入，事终益主。变爻克应，理必伤人。震而主贼多惊，乾而主贼皆劳。若坎主盗贼，艮乃伏藏。变在内者物未出，变在外者物难寻。有乾而恶人已远，有艮而住脚未行。坎主伏水滨，见兑而必败露。兑及时者不可追，必至相伤。坎及时者勿独觅，恐有横灾。

元为物之根，会为所失之物，运为己身，世为得物之人。运数空缺必伏藏于虚陷之中，却看百零数如何。若零生百，人必还物。若零克泄百数，其人必不还矣。无百又看千数，若有泄体之数，亦是得物之人，又为失物之所。无泄体之数，只以会为方道，又以会为失物之数目，零为人与方向数目，如九数在零，必是九人，可于相去九里路上寻之。却又于会数看是何人品，百零俱空，人物皆无，零受克，其人受制，动不得。如占失马得乾，终可见。

词讼

凡告状，遇元空，或元克体，体克元，皆不利，必不准，准亦发下。若零又克体，决不可为，为必大祸。元数生体，一告即准。

元为官，最宜生体。会为吏，不可克身。未兴词宜世运皆空，已成讼喜我强彼弱。汝我冲斗，多费才力。彼此相刑，定有罪名。数有贵人宜寻分，会空或克莫求人。元克世他遭刑限，官生运我得便宜。木土克运而身必羁囚，金水侵体则下必足刑。我旺日方可毕事，官墓时才可出监。有万数事必经由于台院，无万策归结只在本衙门。火安静详必批允，离官克定是驳详。

体旺自己胜终不凶，体弱他人强终不吉。互生体必得理，体生互损财，变生体得志。无克者贵人顺，有克者官事凶。坤乾乃束修，巽离文书。比和则归一，战克必终凶。坎离会而难和，坤艮同则易散。震巽克体君遭责，巽体离泄作流徒。克应不吉，见兑而枷锁临身，应爻临身有兑而刀刃绝命，逢吉则救，受生不妨。欲知何日何时，看其互上互下。

零生体有所得，零泄体有所失。凡运与元会比和，或相合，已有人在官府。零与元会比和，或相合，他有亲故在官府。又如已经官，零空则其事已断绝，未经官，零空者则他必凶祸，或无结果。

百克则吏人欺诈，千克则官属不和。以正卦变卦分人策我策。三八为棒杖，二七为文书，四九乃赀财，五十乃田土。克出事散，生入事将和。欲知惹事之原，惟察成卦之数。乾因金谷，坤乃田产，艮巽乃山林，震兑因口舌。巽交易，离文书。奇偶顺则易安，阴阳战而难止。上生下则事终本县，下生上则讼经上司。

问　疾

凡命与体皆要生旺有气，不宜衰绝。若命体相合及有气者，病即退。体旺不怕克，体衰命又衰，再受会世克，死期迫矣。元为本命，会乃医食，运为病人，世为所病。四柱不宜见空，策数又怕进旺。命克体略吉，身克命必凶。会空不宜医药，世进决是病加身，空衣禄尽矣。元绝性命难存。生体者用药有效，数退者不治自痊。乾兑肺经有厄，坤艮脾胃遭伤。三八逢冲内伤肝而外肢体，一六遭克下肾灾而上眼疾。运弱者待气旺之日可救，被克者怕损泄之期作殃。体弱而克强十有九死，体旺而克休百无一凶。坎水乃浴尸之神，坤土为埋藏之煞。震巽克体，此是扛尸。离兑克体，焚骨必矣。

土气盛必死之兆，体气盛必生之理。艮，止也，极也。有生体者病久乃止。坎，险也，难也。有克体者久困乃危。欲知痊好之日，应在生体之辰。欲知危亡之日，须凭克体之爻。震巽克来不宜服药，阴卦克入定是鬼神。须看爻词，亦详克应，再元受克，病在首，世受伤，病在足。数中互卦端可为凭，少缺愈之兆，多缺死之兆。生入者难求生意，克入者将入死期。克外亦奇，生出亦好。

又零克体，千数不缺尤可。会克体，病即深重。会衰则不妨退数，生身主病退，退数克身，病反加。若命体受伤，数绝必死。若零缺，身命不受伤，无事。

先看上下卦体变象，如子占父病得泰卦，乃父入地下矣。父占长子病得复卦，乃长子已归地下矣。①

人　物

体盛乃富人，体用俱盛为富贵人。用生体乃权势之人，体生用乃贫人。用克体乃贱人，体衰乃闲人。体用皆衰乃下贱人，衰而有克乃废人。

---

① 〔眉批〕奇思常理，妙妙。

器 物

体盛为贵物，衰乃贱物。用生体乃有用之物，体生用乃无用之物。克体乃废器。体用皆盛，乃公用之物，或至贵之物。乾乃贵物，坤乃土中物，震乃移动物，兑乃金玉，并带缺有口之物。

虚 实

体生用为虚，用生体为实。比和者贵，克体亦虚，体克则半虚半实。震多虚惊，离多虚信，兑多虚传，乾坎艮多实。

忧 疑

策缺运空防有祸，数全顺旺不须忧。十零空缺顷刻灾来，零数克身须臾祸至。元空则有终无始，元世俱空始终无事。元会缺父母有祸，运世缺妻子生灾。重战重克祸患迭临，多缺多空死亡相继。内生外者忧损失，外克内者防小人。

闲 居

坎陷，离明，巽顺，兑悦。每于早间无事时，欲知自己，以十为身，看何卦数，以千百零为人事物之应。如占他人家，则以十为其人，又为住基屋宅。以百零为前后左右，看生合冲克，推详看有气无气，以百为左为后，零为右为前，生合冲克，乃大吉也。

舟次

凡欲行舟，必须决策。元会皆欲带贵神，会上亦要无空缺。世水宜旺不宜衰，衰则有阻定枯干。百不可制千，世不可犯运。千克百则主外相安，舟克水则船水相利。

元为千，为主事人，百为俏怦，运为舟，世为水。若千数受克，须知主事人不安。如千为坤艮，俏怦亦属土，为吉。如舟属木，世属水，不宜于金。如会离元坎，不宜见土。元巽决有风涛之陷。元是巽，运是坎，俏怦亦主不安。元会金亦然。会不可克十，十克会不妨。盖舟能制水。会克十，若非水灾，定有小人侵算。不则浅凑阻滞。坎巽数连，必有风波之险。土多水少，则有阻滞之忧。数顺比和，无往不利。又以艮坤属十，会主静，宜止。乾震元十，会主动，宜行。凡占先要上下卦体变象动静，又加占天时数，互推之，观风雨晦明，如三位克元，切不可动也。卦无生气，必不可动也。

饮 食

凡占饮食，须察动静。动则有，静则无。以体之下卦为我，体之上卦为人。变为客数，互之上乃酒数，互之下乃食物数。体之下为何物，变克体下食之不终，变生体下吉。互克下不得食，他人克己亦难食。上体生下人请己，下体生上己请人。互受生酒不数杯，体受生客不计数。变生互客有迟至，互生变客有先去者。上互为日，下互为时。生体者可食之物，克体者不可近污秽之物。生体者乃成器之物，生体众者乃贵物，克体众者乃贱物，泄体众者乃广物。

一六坎水，咸物、鱼、酒、羹、汤、豕、血、耳、海味。二七离火，雉、带壳、甲中柔物、苦、赤、煎、妙、馒头、馄饨。三八震巽木，瓜、蔬、菜、树、果、味酸、色青。四九乾兑金，味辛、形圆、色白、多骨、体坚、数多、马、羊、江湖，及飞走之物。五十坤艮土，形柔、色黄、少骨、五谷、山药、羊、咸、脏。

水一、火二、木三、金四、土五，此造化之理。水润下作咸，火炎上作苦，木曲直作酸，金从革作辛，土稼穑作甘，此食物之味，而八卦应之也。又世数盛者容众，运数缺者主衰。外生内主人宜，内生外宾客利。离巽乃文书之会，坎兑为歌唱之场。数顺则佳，数衰不吉。缺千百者始而参差，无十零者不能终席。

总 断

凡占以运为根本，以世为要枢。运宜受别数之生，世宜免上数之克。运党多而身势盛，尤恐旺后遭倾。世党多而体势弱，或有生扶反美。阴消忌阳邪之盛，刚长喜柔弱之衰。外克内数多，再见旺而祸必大。若值退而休囚，其灾必轻。策策看元会日辰，有扶我扶彼之异。数数分生克冲合，或主吉主凶之殊。据五行向背制化之理，以明吉凶悔吝之机。更加变通，可宜可忌，触类而伸，数理自尽矣。

策数占验

丙午七月初六日，有问雨于先生者，说子时。先生即以年月日共作二十数，除二八余四，为震，上加子时作巽，下得风雷益之卦三爻，原策一百八十，演策九千七百三十二，断曰："是月亢旱，待八月寅卯日微有风雨些须，主雷轰而散。"盖元为天属乾金，被会世二火克之，当为晴明，故云是月旱，待八月火退，而金生水也。四柱金无水字，岂有大雨？寅卯日取运，三又属震雷，原卦风雷益，故风吹雷震，云收雨息也。

有应选者问于先生，时方冬月，值坎之上六。原策一百六十八，演策一万一千二百七十四。先生曰："即宜速行，来年五月丙申日官星照临，秋赴任，百姓莫不悦服。但三年后，未尽善，然亦不至弃职也。"公识之。盖一而二，二而七，进数无阻。二七离火为印绶旺，午为五月，午运配日得七，为丙申是也。故曰五月丙申日，官星照临。世为任所，遇四兑，又秋也。以运克之，而驾驭得地，故曰秋赴任。又为民悦之象。七而四，退数也，故曰三年后未善。以上克下，乃常理也，故不弃职。

客有占宅者，时方二月，值坤之上六。原策一百四十四，演策九千九百五十八。先生曰："君家有老人乎？"曰："有。"曰："此宅好则好矣，亦有外人侵凌乎？"曰："未。"曰："在乙丑乙未日晚，防盗贼入室伤人之患。慎之。"盖元为祖父老人，得乾故知家有老人。世为外人，得巽木乘旺克入宫中，故知宅有盗入伤人之患。乙丑乙未，以先天支干乙庚丑未八是也。

六月己未，有买宅者，占得大有之九三，演三千八百六十三策。先生曰："不可成也。公兄弟私与外人协谋坏事，纵成不利于后。"彼闻言不信，费财成之。自入宅，果内外协谋，不数年，倾家产，悔无及矣。会为兄弟而世为外人，二木相比，协谋之象也。身居坎陷，又日辰克之三八，因而盗我之气，坏事不浅也。况六三退数，后何所利？

有问疾者，来时先生占值巽之九五，演一万零七百六十七。断曰："不已地下人乎？应在辰日丙申时。"盖元为本命既空，命已尽矣，岂复生哉！运六世七，病进增也。会世纯火煎肾，又干丁丑火土之日，遇巳时，当起纯火，更见本卦重巽生火，泄了运气，故曰不生。辰日者，运入墓也。丙申时者，取世七也。

正月丙寅日申时，士有求名者，得离之六爻，该一万二千二百〇〇。身空任绝，先逢顺数。断曰："此去顺而得意，正当及时得东方之官，治军之职则可，治农之职则不可。至申酉月日宜慎之。”至京果然高第，任东行县令。至七月酉日止于山驿，夜时分贼劫入驲杀死，行李皆空，未任而亡。

占讼得同人之六二，演六千七百三十八。断曰：“此讼主两家愿和而不欲争辨也。官不怒，吏亦同心。七月丑未日事毕矣。”盖运三世八，两木比和，而无刑冲。况卦名同人为和同之象。元为官，生身故不嗔怒。会为吏，受我生是受己财与同心也。或曰：运世皆木，何知吏受己财？倘受他财，亦未可知。盖会与运皆奇，是为同气，世偶，何为去受他财也。七月取会数，丑未取运世。木克土之淹滞而自散也。

有人遭官讼，久而不决，求占，遇复之初九爻，得二万二千〇二十二。此数皆比和，而会数空了，子必与利于吏，而财亦破。然终久有人和劝，不凶。会月既空，决至期人和了。

有中男冒雨而走，作气不舒之状，占得坎三爻九千八百六十一。曰：“子宜慎之。此去当有不宁事意，不遑安逸也。家事自此退，宅眷由此散矣。”其人怒而去。不数月，连遭横事，人离财散，不能成家。乃知九八六一真退数也。[①] 离艮乾坎耗散明矣。中间又无救数，莫逃其凶。

---

① 〔眉批〕此后天本洛数，附此以备观耳。

邵子易数卷之四

辑易象类说

三圣人取象不同，以今观之，尚有未备，故复分天文地理人物等为类。首文王卦象，次周公爻象，次孔子《十翼》中《彖传》《象传》《说卦传》所取象，以该之，庶乎不致有遗。朱子尝谓《易》为卜筮书，而所谓象者，皆是假此众人共晓之物以形容此事之理，使知所取舍而已。然则《系辞》所谓以制器者尚其象，特大约言之。况十三卦制器，纤悉毕备，后人无复有所加矣。惟于卜筮之用，至于今未已也。吁！谓象专为制器设者，愚斯之未能信也。

天文类

卦日： 丰日中，晋昼日，皆取离象。

云雨： 小畜密云不雨，云取互兑，泽之气上蒸，象不雨，取互离日而坎伏之象。

爻天： 乾五、大有上、大畜上、明夷上、姤五、中孚上，皆五上为天象。

日： 离日昃，丰日中。

月： 小畜上九、归妹六五、中孚六四，皆取月几望象。解见《本义》。

云： 小过五密云，互兑，气上蒸象。

雨： 小畜上既雨，变坎象。睽上九往遇雨，下有互坎象。夬九三独行遇雨，上取兑泽象。鼎九三方雨，变坎象。小过五不雨，兑上象。

霜： 坤初六，初阴象。

斗： 丰二四取五上二阴爻，四点象。

沬： 丰三沬小星，亦上二阴象。

光： 未济五，离日之光。

天衢： 大畜上九，象云路也。

翼[①]**天**：乾象彖象说卦下并同。
雷：震象。
风：巽象。
月：坎象。
雨云：并同。
日火电：并离象。
天文：贲象。

地理类四方附

卦西南：坤蹇解指坤方。
东北：坤蹇指艮方。
西郊：小畜兑象。
南征：升离象。
百里：震象，解见《本义》震卦。
野：同人取六二地上之象。
大川：需讼同人蛊大畜益涣中孚解，各见本卦。
濡：未济坎象。
爻地：夷上坤象。
南：夷三离南方象。
方：坤二直方，坤象。

---

① 〔眉批〕《系词》《说卦》等十项为《十翼》。

西山：随上，西兑象，山伏艮象。

岐山：升四有互兑，取象同西山。

林：屯三取上互艮山，又有震木象。

陵：同二高陵，互巽为高，三爻变艮为陵。震二九陵，象见纂注。渐五本爻变艮象。

丘：颐二指上爻艮象，贲五艮象，涣四互艮象。

谷：困初幽谷，井二溪谷之义，皆取坎之下象。

石：豫二、困三，豫取艮石象，困三只取爻刚象。

磐：屯渐震艮阳象。

郊：需初以去坎远取象，同上取国外曰郊象。

西郊：小过五互兑象。

陆：渐三艮路象。

道：小畜初、履二，道路也。初二为地之象。

荒：泰二指上坤地荒远处。

遐：泰二取上坤远象。

阴：中孚二取下卦之中位柔象。

野：坤上郊外曰野，正上象也。

沙：需二近坎水象。

泥：需三、井初、震四，皆取迫坎水象。

涂：睽上泥也，取互坎象。

干：渐初水涯也，近互坎象。

穴：需四坎下象。

窞：坎初坎穴象。

大川：谦初近互坎，颐五当坎位之中，以艮止，不利涉。颐上亦以位取，止极而动，故利涉。未济三坎体象。

河： 泰二互兑泽象。

渊： 乾四亦取坎位象。

泉： 井五坎象。

冰： 坤初阴盛象，指上六。

濡： 坎三上承兑泽象，既济初上互伏象，既上上坎象，未济上下互坎象。

浚： 恒初兑反体。

翼地： 坤象。

刚卤： 兑地为刚卤。

山径路小石： 皆艮象。

泉水沟渎： 皆坎象。

泽： 兑象。

渊： 讼彖坎象。

方： 观复大象省方。

四方： 离复大象省方。

四方： 离大象照四方，姤大象诰四方。

岁月日时类

卦八月： 临以一爻为一月，临二阳长为十二月卦，自三爻数起，正月泰，至上为四月，乾而阳长已极，于是一阴又生于下为五月，姤六月，遁七月，否至八月，观则四阴长而为八月之卦，亦临之反对也。

七日：复以一爻为一日，自姤一阴生至坤上六，六阴极为六日，于是一阳来于下，为复之初九，是为七日来复矣。论阳之消以月言，幸其消之迟。论阳之长以日言，喜其长之速。此圣人扶阳抑阴之意。

甲日：蛊先甲三日，后甲三日，解见本卦。

巳日：革巳日乃革，朱《汉上》读作甲己之己，姑备一说。

爻三岁：同人九三、坎上六、困初六、渐九五、丰上六，皆以一爻为一岁数之也。

三年：既济九三、未济九四，皆以一爻为一年。

十年：屯六二、复上六、颐六三，皆以坤上成数取象。颐互体亦坤。

月望：小畜上、归妹五、中孚四，义见天文下。

三日：明夷初、巽五以一爻为一日。

七日：震二、既济二象见前。

己日：革。

庚日：巽五，解见本卦。

终日：乾三、豫二以下体离位取。既济四则以互体离取。

终朝：讼上取下互离象。

夕：乾三取下体之终象。

暮夜：夬二取下体离位之终象。

旬：丰初，解见本卦。

翼时：乾六位时成，时乘六龙，蒙时中，大有应天时行，贲察时变，损益与时行，升柔以时升，艮动静不失其时，丰与时消息，小过。又自豫随遁姤旅言时义，坎睽蹇言时用，颐大过解革言时，皆以大矣哉赞之者，凡十二卦。已上皆彖传。无妄对时，革明时，皆大象。

四时：豫观蒙革节皆彖传。

至日：复大象一阳来复，冬至节日也。

历：革大象治历明时取离兑，夏秋相继之象，而治历也。

向晦：随大象。

人道类

卦王：夬萃丰涣皆王象也。

侯：屯豫皆震象，晋康侯坤象。

大人：讼蹇萃升困巽，自升卦取六五，用见九二之大人外，余皆取九五君象。

丈人：师九二象。

后夫：比上六象。

女：家人女正离二象，渐女归上巽象。

取女：咸取女吉，兑象上六女正，姤勿用取女，巽初六不正。

朋：坤西南得阴之朋，东北丧阴之朋象。复指众阳之朋渐长而来。

童：蒙艮象。

君子：坤君子有攸往，指占者。否不利君子贞，指三阳。

匪人：否三阴象。

人：艮。

爻王：坤三、讼三、师二、比五、随上、蛊上、观四、离上、家五、益二、升四、井三、涣五，皆指九五君象。

天子：大有三指六五。

君：小过二指五。

大君：师上、履上、临五，皆指五象。

王母：晋二取六五柔象。

国君：复上亦取六五象。

公：大有三本爻，解上指五，益三四本爻，鼎四公餗指公家言，小过五本爻。

侯：屯初震象，蛊上以卦上泛言不事王侯也。

大人：乾二五大德之君臣，否五本爻，蹇上指九五君象，革五本爻。

主：睽二、益三四，皆指五。丰初四指本爻。

臣：小过二指臣，遁三臣妾，小臣也。

王臣：蹇本爻，王之臣也。

君：归妹五女君也。

宫人：剥五君位，又群阴之象，故称宫人。

祖：小过二，解见本爻。

父：蛊初三四五，解见本卦。

考：蛊初同上。

母：蛊。

妣：小过二见本爻。

子：蒙二、蛊初、鼎初、家三，皆指本爻。

小子：随三指初，渐初本爻。

长子：师五指三。

弟子：师五指三。

女：蒙三、观二、归上本爻。

女子：屯二本爻。

夫：蒙三指二，小畜二指四，渐三本爻。

丈夫：随二三皆指四。

士夫：大过五本爻。

元夫：睽四指初。

老夫：大过二本爻。

夫子：恒五对妇人言，就本爻论。

士：归上对女言，未成夫妇之称，指三。

妇：蒙二指五，小畜上本爻位柔言，蒙三指四，渐三指四，渐五指二，既二本爻。

妇人：恒五对夫子言。

老妇：大过五指上六。

妻：小畜三指四，困三本爻。

女妻：大过二指初。

妹：泰五本卦互，归妹指互体兑言。

娣：归初指兑体。

须：归三贱妾称，亦指父。

妾：遁三指下二阴，鼎初指本爻。

童：蒙互指艮体，观初以爻下，亦因上有艮体。

童仆：旅二三童取艮体，仆爻在下也。

人：需上三人指下体，乾睽三本爻，复三损下体本乾三爻，丰上无人本爻，阴虚象。

武人：履三爻阴象，巽初义同。

幽人：履二、归二，皆兑体居中象。

旅人：旅上只取本爻，称人。

君子：乾三本爻，屯三泛指筮者，小畜上同。谦初三、观初五上、剥上、遁四、壮三、夷初、解五、夬三、革上、未济五，皆指本爻。

小人：师上、否二、大有三、观初、剥上、遁四、壮三、解五、革上、既三，各解见本爻也。

匪人：比上指三。

恶人：睽初指四。

朋：泰二指下三阳，豫四指五阴为朋盍簪，咸四指阳类，蹇五指九三，解四指九二。

友：损三指上。

宾：观四指本爻为五之宾，以君臣言。姤二指九四，以内外言。

客：需上指下三阳。

虞：屯三有互艮山而无应，故象无虞。中孚初前有山泽又有应，故象虞吉。

史巫：巽二取兑为口舌象。

群：涣四谓散其三阴之群。

众：晋三坤为众象。

宗：同二、睽五皆取应爻。

仇：鼎三我仇指初。

主人：夷初指四。

寇：屯二、蒙上、需三、贲四、睽上、解三、渐三卦，皆有坎象。

婚媾：屯二四、贲四、睽上取爻皆有应象，震上无应，故婚媾有言。

翼王：师象指六五，坎象指九五。

天位：需象位乎天位指五。

帝位：履象指五。

尊位：大有象柔得尊位。

先王：大象称先王者凡七，比豫观噬复无妄涣，泛指以易之先王也。

后：大象称后者二，泰姤，泛指以易之后也。复卦又称后不省方。

君：否初志在君指五。

上：大象称上者一，剥，泛指君上也。

大人： 大象称大人者一，离，泛指以易之大人也。

君子： 大象称君子者，自乾坤屯蒙需讼师小畜履否同人大有谦随蛊临贲大畜颐大过坎咸恒遁壮晋明夷家人睽蹇解损益夬萃升困井革鼎震艮渐归妹丰旅巽兑节中孚小过既济未济凡五十三卦，泛指以易之君子言也。

圣人： 豫观颐咸恒鼎彖亦指五君言。

公： 坎彖二象。

诸侯： 此大象建国诸侯皆坤象。

严君父母父子兄弟夫妇男女： 并家人彖传。

二女： 睽革指离兑象。

朋友： 兑大象君子以朋友讲习。

人文： 贲彖指君臣父子兄弟夫妇朋友。

圣贤： 鼎彖大亨以养圣贤。

贤： 大畜彖养贤。

君子： 泰内君子，否外君子，同人君子正，谦君子之终，剥尚消息盈虚，困而不失其所亨，其唯君子乎，并彖传。

小人： 泰外小人，否内小人。遁象远小人。

民： 师象民从，豫民服，颐及万民，益民说，兑民劝，节不害民，师象容民，履定民志，泰左右民，蛊振民，临保民，观观民，井劳民，屯初得民，谦三万民服，剥上民载，姤四远民，多取初爻或阴爻象。

众：师象众正，蹇得众，师象畜众，明夷莅众，多取坤为众象。

人心：咸象圣人感人心而天下和平。

人：谦象人道恶盈而好谦，革兑顺乎天而应乎人，归妹人之终始，丰况于人乎，咸虚受人，多以卦体取象。

族：同人象类族辨物，人物各有族类。

俗：渐居贤德善俗，指人之风俗言。

商旅：复象。

百姓：下系。

身体类

卦口：颐自求口实，卦下动上止，取全体象。

心：坎维心亨，取一阳在中象。

背：艮艮其背，取一阳隆于卦体之上象。

身：艮艮其身，以全体取象。

告：蒙初筮告，自二至上有颐口象。夬孚号，告自邑，上有兑口象。

号：夬孚号，兑口象。

笑言：震初至四互颐口，又取震有声象。

言：闲有言，兑口象，不信，坎在下象。

盥：观互艮手，巽洁象。

行：坎互震，艮亦互震，震为足象。

爻首：乾用九、比上、离上、明夷三、既济上、未济上，皆取上象。

顶：大过上象。

面：革上象。

頄：夬三頄面颊间骨。

颐：颐初朵颐，蒙全体象。

辅：咸上艮五辅颊车也。

颊：咸上面颊。

舌：咸上皆以兑口取象，艮辅以居一身之上象。

耳：噬上取下有坎象，鼎三五三变则三五皆坎体。

目：小畜三前互离目象。

鼻：筮二互艮象。

须：贲二，三至上颐体，须附颐象。

涕：离五萃上，离出涕目出也。

洟：萃上六赍咨涕洟未安上也。洟取兑泽下流之貌。

泣：屯上坎水象，孚三兑泽象。

右肱：丰三。

心：夷四、益五上、井三、艮二三、旅四象各见本爻。

左腹：夷四坤为腹象。

限：艮三身分限处，艮全体取身象。

夤：艮三夹脊肉，亦全体取象。

臀：夬四、姤三、困初象见本爻。

股：咸三下体互巽。

左股：夷三下体象。

腓：咸二、艮二下体取象。

拇：咸初、解四指初取初下象。

趾：噬初、贲初、大壮初、夬初、鼎初、艮初只取初下象。

足：剥初、鼎四指初，亦取下象。虽是床鼎，足在下体一也。

身：艮四全体取身象。

躬：蒙三艮震上躬亦身也。

肤：噬二、剥四、涣五、夬四、姤四，肤，身之皮肤，又肤肉也。

血：坤上、需四、小畜四，归妹上指三，涣上指三，屯上多以坎取，或只以阴爻取。

汗：涣五，身之所出，详见本文。

膏：屯五、鼎三各见本爻。

思：咸四、涣四。

忧：临三既忧无咎。

疑：豫四勿疑，丰二往得疑疾。

愁：晋二。

愠：夬三。

喜：否上、无妄五、损四、兑四。

惕：乾三、小畜四、夬二。

勿恤：泰三、晋五、家人五，自思以下皆心之用。

见：乾二五、蒙三、睽初三上、蹇上、姤初、困三、谦二三四多离象。

视：履二震上归二。

盱：豫三。

窥：观二、丰上。

觌：困初、丰上，自见以下皆目之用。

眇：履三归初。

眚：无妄上、复上二者目之病。

言：需二、讼初、震初、艮五、渐初、明夷初、夬四、革三。

告：益四五。

问：益五。

鸣：谦二五、豫初。

号：夬三上、萃初、涣五、旅上。

笑：萃初、震初、同五、旅上。

嗟：离三、萃三、节三。

戚嗟：离五。

赍咨：萃上。

歌：离三、孚三。

号咷：同五、旅上，啼呼也。自言以下皆口之用，多兑象。

击：蒙上、益上。

御：蒙上。

系：否五、无妄三、姤初。

系：随二三上、坎上、遁三，以系用徽纆，观之则与或系之牛义亦同，不知何以分两字。

执：师五、咸三、遁二。

握：萃初，自击以下皆手之用，多艮象。

行：无妄上行有眚，明夷初主人有言，损三损一人，夬三独行遇雨，夬四、姤三其行次且，鼎三其行塞，震三震行无眚。

徒：贲初舍车而徒。

征：小畜上征凶，泰初征吉之类甚多，并见占类。

往：屯三往吝，四往吉之类亦多，并见占类。自行以下皆足之用，象各见本爻。

跛：履三、归初，足之病也，象见本爻。

灾：复上迷复有灾眚，无妄三邑人之灾，旅初琐琐取灾，小过上是谓灾眚，灾只患难之意。

疾：豫五贞疾，恒不死，无妄五勿药有喜，遁三有疾厉，损四损其疾，使遄有喜，丰疑疾，有孚发若，吉，鼎二我执有疾，不我能即，吉，兑四介疾有喜，盖有身则有疾，然卦中不专指疾病，亦取有为爻之害者，象各见本爻。

翼首：彖乾首出庶物，说卦乾为首。

发：说卦巽为寡发。

颡：说卦巽为广颡。

耳：彖鼎巽而耳目聪明，说卦坎为耳，又为耳痛。

目：彖见上，说卦离为目。

眼：说卦巽为白眼。

口：彖困尚口乃穷，说卦兑为口。

舌：说卦兑为舌。

手：说卦艮为手。

指：说卦艮又为指。

心：彖复见天地心，咸感人心，小象泰四中心愿，谦二中心得，说卦坎为心病，又为加忧。

腹：说卦坤为腹。

大腹：离为大腹。

股：说卦巽为股。

足：说卦震为足。

自强不息：法乾象力行。

厚德载物：法坤象任重。

果行育德：法蒙象。

以懿文德：法小畜象。

多识前言往行以畜德：法大畜象。

非礼勿履：法大壮象。

自昭明德：法晋象。

反身修德：法蹇象。

顺德积小以高大：法升象。

朋友讲习：法兑象。

俭德辟难：法否象。

谨言语节饮食：法颐象。

独立不惧独世无闷：法大过象。

言有物而行有恒：法家人象。

惩忿窒欲：法损象。

迁善改过：法益象。

致命遂志：法困象。

恐惧修省：法震象。

思不出其位：法艮象，有身体则有德行道义。以上大象皆立身行己之大法也。

古人类

爻高宗：既济三、未济四。

帝乙：泰五、归五。

箕子：明夷五。

翼伏羲神农黄帝尧舜：系辞下。

汤武：革彖传。

纣：系辞下。

文王：明夷彖、系辞下。

箕子：明夷彖。

邑国类

卦邑：夬告自邑，井改邑。

爻邑：泰上、谦上、晋上、升三。

邑人：讼二、比五、无妄三。

国：师上、谦上、观四、益四。

大国：未济四。

家：师上承家，损上得臣无家。

城隍：泰上邑国，多坤土象。

巷：睽二。

井：井。

翼万国：乾彖传，比象建万国。

四国：明夷上象。

守国：坎彖。

邦：否彖无邦。

正邦：蹇渐彖。

关：复大象至日闭关。

市：系辞下神农，日中为市，说卦巽为近利市三倍。

宫室类

卦：家人，家，室家也，大畜不家食吉。

庭：艮行其庭，夬扬于王庭。

爻庐：剥上全体取象。

屋：丰上丰其屋。

家：蒙二子克家，家人四富家，五王假有家，丰蔀其家。

宫：困三入于其宫。

栋：大过三栋桡，四栋隆吉。

桷：渐四。

牖：坎四。

户：丰上。

户庭：节初不出户庭，无咎。

门：同人初、随初。

门庭：明夷四、节初。

阶：升五升阶。

墉：同人四升其墉，解上高墉，指四。

藩：大壮三四，上震为藩象。

邻：小畜五、泰四、谦五皆称以其邻，震上于其邻，既济五东邻西邻，象各见本爻。

翼宫室栋宇：系辞下盖取诸大壮。

重门击柝：同人取诸豫。

门：系辞上乾坤易之门。

户：同上，阖户谓坤，辟户谓乾。

阶：同上，论节初乱之所生，言语为阶。

门阙阍寺：说卦艮象。

宅：剥大象厚下安宅。

宗庙类

卦庙：萃王假有庙，以聚祖考之精神，卦自初至四有艮象。涣王假有庙，亦以收精神之散，卦自三至五有艮象。

翼立庙：涣大象先王以享于帝立庙。

宗庙：震象出可以守宗庙社稷，以为祭主。

社稷：同上。

神鬼类

亯帝：益二王用享于帝，吉。帝，天神也。

鬼：睽上，载鬼一车，坎象。

翼上帝：鼎象圣人亨以享上帝。

荐上帝：豫大象先王作乐崇德，殷荐之上帝。

鬼神：乾文言大人者与鬼神合其吉凶，谦象鬼神害盈而福谦，丰象而况于鬼神乎，系辞上精气为物，游魂为变，是故知鬼神之情状。

神道：观天之神道。

神：系辞上阴阳不测之谓神，知变化之道者，知神之所为，酬酢佑神，说卦神也者，妙万物而为言。

鬼：系辞人谋鬼谋。

祖考：豫大象先王作乐崇德，殷荐之上帝，以配祖考。

祭祀类

卦盥而不荐有孚颙若： 观象见本卦，大抵以诚为主也。

用大牲吉： 萃大牲，坤牛兑羊象。

二簋可用享： 损象见本卦，二簋之用，损之时焉而已。

亼享帝： 益二王用享于帝，吉。

禴祭： 萃二、升二皆云孚乃利用禴。

禴祭： 既五东邻杀牛不如西邻禴祭。

亨： 随王用亨于西山，升四王用亨于岐山，《本义》皆作亨。

亨祀： 困二利用亨祀。

祭祀： 困五利用祭祀。

翼荐上帝配祖考： 豫大象先王以作乐崇德，殷荐之上帝，以配祖考。

孝亨： 萃象王假有庙，致孝亨也。

祭主： 见上宗庙。

田园类

爻田：乾二。

菑畬：无妄二。

耕获：同上。

围：贲五。

谷果类桑附

爻硕果：剥上。

瓜：姤五。

包桑：否五。

翼百谷：离象。

百果：解象。

酒食类

卦匕鬯： 震匕举鼎实，鬯芬芳条畅，酒也。

食： 大畜不家食。

爻樽酒簋： 坎四樽以盛酒，簋以盛食。

饮酒： 未济上饮酒濡首。

酒食： 需五需于酒食，困五困于酒食。

食： 讼三食旧德，泰三于食有福，井五寒泉食，讼井坎象，泰互兑象。

饮食： 渐二饮食衎衎。

不食： 剥上硕果不食，夷初三日不食，井初井泥不食，鼎三雉膏不食，象各见本爻。

馈： 蒙中馈食也。

腊肉： 噬三。

乾胏： 四。

乾肉： 五已上噬嗑卦有坎豕离雉，离火干之象。

悚： 鼎四悚鼎食雉膏之属，离象。

翼饮食： 需大象君子以饮食宴乐。

饮食之道： 序卦蒙物稚不可不养，故受之以需，需也者，饮食之道也。

食： 离卦噬嗑食也。

卜筮类

卦初筮：蒙。

原筮：比象各见本卦。

爻占：革未占有孚，象爻特发卜筮之例而已。六十四卦无非占筮也。

不习：坤二，徐氏曰卜不习，吉之谓也。

翼大衍之数五十其用四十有九分二挂一揲四归奇于扐再扐而后卦：此揲蓍用卦扐之策，分阴阳老少以定爻而成卦也。

乾策二百一十六坤策百四十四凡三百有六十二篇之策万有一千五百二十：此用过揲之策，总计上下经六十四卦所得之策数也。详见《本义》上系第九章。

观变玩占：第一章。

卜筮尚占：第十章。

开物成务通志定业断疑蓍德圆神卦德方知爻义易首圣人洗心退藏吉凶与民同患兴神物以前民用圣人以此斋戒神明其德定吉凶成亹亹莫大蓍龟：并上系第十一章。

圣人作易幽赞神明生蓍：说卦首章夫子说蓍筮如此，谓易非尚占之书，吾不信也。

佑命类

爻有命：否四有命无咎。

祉：同上，畴离祉。

天佑：大有上。

翼天休命：大有大象。

天命：无妄象。

凝命：鼎大象，一作凝命令。

告命类

爻命：师二王三锡命，上大君有命。

告命：泰上自邑告命。

改命：革四有孚改命。

诫：比五邑人不诫，吉。

大号：涣五涣汗其大号。

誉命：旅五。

翼凝命：鼎大象命，或作天命。

申命：巽大象。

命诰：姤后以施命诰四方。

命乱：泰上小象。

爵禄类

卦建侯：屯豫皆取侯震象。

爻官：随初亦取震侯象。

爵：中孚二我有好爵，吾与尔靡之，卦亦有互震象。

翼禄：否大象不可荣以禄。

建万国亲诸侯：比大象。

车舆类

爻车：贲初舍车而徒，睽上载鬼一车。

金车：困四困于金车。

大车：大有二大车以载，乾为圜象。

舆：师三五或舆尸，小畜三舆说辐，剥上君子得舆，大畜二舆说輹，三日闲舆卫，大壮四壮于大舆之輹，睽三见舆曳，皆是取一阴在一阳之上，又有乾坎体，独剥指坤为舆。

辐：小畜三说辐。

輹：大壮四大舆之輹，大畜二说輹。輹，车下缚。项平庵谓輹可说，辐不可说，亦当作輹，皆乾象。

轮：既初、未二皆曳其轮，坎象。

卫：大畜三舆卫，武卫也。辐輹舆卫，项氏说，象详见本爻。

翼舆：说卦坤为舆，坎于舆也，为多眚。

轮：说卦坎为轮。

簪服类

爻簪：豫四朋盍簪，一阳贯众阴象。

朱绂：困二。

赤绂：困五，象见本爻。

衣袽：既四三阳为乾衣象，阳皆散处，又有敝袽之象。

袂：归五三阳乾衣也，中二爻阴阳互袂象。

黄裳：坤五黄中色，裳下服，坤象。

圭：益三圭，玉为之，三阳乾为玉，又全体似圭，互艮手，执圭象。

鞶带：讼上指三，三在卦互中离牛，有鞶带象。

囊：坤四中空象。

履：噬初卦下象。

翼衣裳：系辞下黄帝、尧、舜垂衣裳而治，取诸乾坤。

旌旗类

爻沛：丰三，郑云旌旗之垂者，义亦为旆。

讼狱类

卦讼：伏羲。

狱：噬利用狱，二阳在上，下坎居中间，象又一阳居中，囚象。

爻桎梏：蒙初坎象，坎亦木也。

校：噬初上，蒙本卦刑狱取象。

徽纆：坎上，狱中索名。

律：师初，坎为法律象。

天：睽三天当作面，剃须也，有坎兑象。

劓：睽三、坎五皆取卦有坎象。劓，截鼻也。又兑毁折象。

刖：困五下坎象。刖，足刑。

刑人：蒙初坎象。

刑剭：鼎四，《周礼》剭，诛。见本爻。

翼刑罚：豫象刑罚清而民服。

明罚敕法：噬大象。

明政无敢折狱：贲大象。

赦过宥罪：解大象。

折狱致刑：丰大象。

明慎用刑而不留狱：旅大象。

议狱缓死：中孚大象。

正法：蒙初小象。

兵师类

卦师：伏羲。

戎：夬兵戎兑金象。

爻师律：师初坎象。

左次：师四爻位皆阴象。

大师：同五全体伏师卦。

行师：谦上，二至上互师卦，复上坤众象。又全体似师，下不成坎体，故用师大败。

征：谦上征邑国，坤众象。

伐：谦五侵伐，亦坤众象，晋上伐邑，离戈兵象，既三、未四伐鬼方，皆离为戈兵象。

狩：夷三南狩，亦离象。

戎：同三伏戎，离象。夬二有戎，上爻兑金象。

翼容民畜众：师大象，古者寓兵于农之意。

除戎器戒不虞：萃大象。

田猎类

爻田有禽：师五。

田无禽：恒四。

田获三狐：解二。

田获三品：巽四。

三驱失前禽：比五，田象凡五，释象详见师五爻下。

金宝类

爻金：蒙三金夫，噬四金矢，五黄金，姤初金柅，鼎五金铉，困四金车，其象各见本爻。

玉：鼎上玉弦。

贝：震二取初至四互离，龟贝之象。

资：旅二怀资，巽上丧资，象见本爻。

翼金：说卦乾为金，系辞上断金。

玉：说卦乾为玉。

财：节象不伤财。

布：说卦坤为布。项氏曰，古者泉货为布。

币帛类

爻帛：贲五束帛，荀九家有坤为帛，如是则卦中四爻三阴为帛，一阳间之，束也。

繻：既济四繻，帛之美者，亦三阴象。

器用类

卦鼎：伏羲。

匕：震举鼎实。

簋：损二簋。

繘：井绳也。

瓶：井。

爻床：剥初二四，巽二上，皆以全体取象，见本爻。

枕：坎三互震，本象。

樽：坎四酒器，坎亦木象。

簋：坎四簋，盛黍稷，互震竹为之象。

筐：归上筐，盛币帛，亦取震竹象。

柅：姤初金柅，止车物，或谓络丝之趺，以金为之，亦取巽木之象。

茀：既二妇人蔽车之饰，离为雉，有翟茀之象。

金铉：鼎五。

玉铉：鼎上皆取上九一阳在上象。

缶：比初瓦器，坤上坎水，伏离火象。坎四、离二皆取水火土象。三阴爻，坤土也。详见本爻。

甕：井二亦瓦器，坎水离火，亦有三阴坤土象。

幕：井上井口间有勿幕象。

斧：旅四离戈兵象，巽上亦互离象。

鼓：孚三互震，声象。

弧：睽上下互坎象。

矢：噬四、旅五、解二，象见本爻。

翼网罟：系辞下佃渔之器，取离象。

耜耒：耕耨之器，取益象。

舟楫：济用之器，取涣象。

柝：击柝待暴客，取豫象。

杵臼：舂器，取小过象。

弧矢：威天下之器，取睽象。

棺椁：取大过象，并下系。

枢机：系辞上，君子行行象。

釜：说卦坤为釜，所以熟物。

柄：坤为柄，执持之器。

均：坤为均，陶均之器。

绳：说卦巽为绳。

弓：说卦坎为弓。

甲胄戈兵：说卦离为甲胄戈兵。

数目类

卦：再三（蒙）。三接（晋）。七日（复）。八月（临）。百里（震）。三日（蛊）。二簋（损）。

爻：一人（损三）。一握（萃初）。三人（损三）。三褫（讼上）。三就（革三）。三年（既三、未四）。三岁（同上、坎上、困初、渐五、丰上）。三驱（比五）。三锡（师二）。三品（巽四）。三狐（解三）。七日（震二、既三）。九陵（震二）。十年（屯二、复上、颐三）。十朋（损五、益二）。三百户（讼二）。象各见本爻。

翼：一（天）。二（地）。三（天）。四（地）。五（天）。六（地）。七（天）。八（地）。九（天）。十（地）。（系辞上）四十五（洛书之数）。五十五（河图之数）。五十（大衍之数）。四十九（揲蓍之数）。十三

（老阳挂扐之数）。十七（少阴挂扐之数）。二十一（少阳挂扐之数）。二十五（老阴过揲之数）。三十六（老阳过揲之数）。三十二（少阴过揲之数）。二十八（少阳过揲之数）。二十四（老阴过揲之数）。二百一十六（乾六爻，老阳之策数）。百四十有四（坤六爻，老阴策数）。三百六十（乾坤老少过揲之全策）。万有一千五百二十（上下经阴阳老少过揲全策数也）。

五色类

爻黄：坤五黄裳，噬五黄金，离五黄离。

玄黄：坤上。

白：贲四白马之白，贲大过初白茅。

翼大赤：说卦乾为大赤。

玄黄：震为玄黄。

白：巽为白，为白眼。

赤：坎为赤。

黑：坤于地也为黑。

禽兽类

卦飞鸟：小过。

马：坤牝马，晋锡马。

牛：离牝牛。

虎：履虎尾。

狐：未济小狐。

爻飞鸟：小过初上。

鸟：旅上。

禽：师五、比五、井初。

鹤：中孚二。

翰音：中孚上，《记》鸡曰翰音，或谓羽翰之音。

燕：中孚初安也，或作燕雀之燕。

飞垂翼：明夷初。

雉：鼎三、旅五。

鸿：渐。

羽：渐上即指鸿羽言。

隼：解上。

马：屯二四上、贲四、大畜三、夷二、睽四、涣初、中孚四。

牛：无妄三、中孚四、睽三、旅上。

童牛：大畜六四。

黄牛：遁二、革初。

羊：大壮三四上羝羊，五丧羊，夬四牵羊，归妹上刲羊。

苋：夬五或作山羊。

豕：睽上、姤初只取爻阴象。

豕牙：大畜五豶豕之牙。

虎：履四、颐四、革五。

豹：革上。

鹿：屯三，虞翻、王肃作鹿，但象无取谩备。

角：壮三羊角，晋上、姤上但取上象。

尾：遁初只称尾，既初未初狐尾。

翼良马老马瘠马驳马：说卦乾象。

马善鸣异足作足的颡：震马象。

马美脊亟心下首薄蹄：坎马象。

牛子母牛：坤牛象。

豕：坎豕象。

狗：艮象。

羊：兑象。

鸡：巽为鸡。

雉：离为雉。

黔喙：艮象，已上并说卦。

鳞介类

卦豚鱼：中孚，吴氏作江豚鱼，巽象。

爻龙：乾初潜，二见，四跃，五飞，上亢，坤上龙战，雌龙象。

龟：颐初、损五、益二。

鱼：剥五、姤二四。

鲋：井二。

鼯鼠：晋四。

翼龙：说卦震象，系辞下龙蛇之蛰。

蛇：同上。

鳖蟹蠃蚌龟：离象。

鼠：艮象，并说下。

尺蠖：下系。

邵子易数卷之五

草木类

爻茅： 泰初、否初、大过初。

莽： 同人三互巽象。

药： 无妄互有震巽草木象。

枯杨： 大过二五。

稊华： 同上。

苋陆： 夬五，象见本爻。

杞： 姤五。

株木： 困初。

木： 渐四。

机： 涣二木名，见本爻。

丛棘： 坎上。

蒺藜： 困二。

葛藟： 困上。

蔀： 丰二四，草茂也，震巽象。

翼木： 益象。

草木：离象、解象、坤文言。

兰：系辞上。

杂类

卦小大：泰否阳大阴小，小过可小事，不可大事。

往来：泰否复解井卦中阴阳往来之象。

上下：小过卦体上下之象。

先后：坤先迷后得，蛊先甲后甲。

出入：复一阳昔出今来之象。

初终：既济初吉终乱。

爻小大：屯五小贞吉，大贞凶，否二小人吉，大人否，凶。

往来：咸四憧憧往来，蹇初三四上，震五震往来厉。

先后：否上先否后喜，同人先号咷而后笑，旅上先笑后号咷，睽上先张之弧，后说之弧，巽五先庚三日，后庚三日。

左右：师左次，夷二左服，四左腹，丰三左肱。

内外：比二比之自内，四外比之，贞吉。

得失：晋五失得勿恤。

初终：睽三无初有终。

进退：观三观我生进退，巽初进退。

虚实：升四虚邑，鼎二有实。

来之：坎六三。

尔我：颐初舍尔观我，孚二我爵尔靡。

甘苦：临甘临，节五甘节，上苦节。

出入：需四出自穴，上入于穴。

嘉：随五、遁五、离上。

休：复二休复，否五休否。

章：坤三、姤五含章，丰五来章。

誉：坤四过五无誉，蛊用誉，丰五庆誉，旅誉命。

渝：讼四、豫上、随初。

包：蒙二、泰二、否二三五、姤二四五。

敦：临上、复上、艮上。

牵：小畜二、夬四。

挛：小畜五、孚五。

冥：豫上、升上。

迷：复上。

频：复三、巽三。

占类说

易有象则有占。象者，像卦爻之形，象以示人。占者，断卦爻之吉凶以示人也。卦有兼该象占者，如坤元亨利贞是占，牝马西南东北是象。亦多有有占而无象者，如乾元亨利贞，大有元亨，鼎元吉亨是也。卦即象矣。爻亦有兼该。象占者，如乾初九潜龙是象，勿用是占是也。又如坤初六履霜坚冰至是象。虽不言占，然谨微之意已可见于象中矣。坤六二直方大，不习无不利是占。虽不言象，然六二二爻纯阴，全地道之中正，则是象矣。他皆放此。卦爻之占，吉凶固是一定，然文王于乾首开利贞之教，便有若不贞，则不利之意在其间。周公于需上六不速之客来，吉凶未可知，而曰敬之终吉。孔子于需九三致寇至矣，而曰敬慎不败。此又是有变化转移之道。三圣人之教盖同一心也。大抵卦爻言吉者，占者有其德则吉，无其德则不吉。卦爻言凶者，占者德不足则凶，德足以胜之则反吉。朱子《本义》发明是说，极为明白。今作占类，以见其凡例。卦例重在元亨利贞吉凶无咎，悔厉眚各一言之（无妄有眚，夬有厉，革悔亡）。爻例重在元亨利贞吉凶悔吝无咎厉灾眚十二者增多卦，灾吝二占而已。今详具于下。

卦占类

元亨利贞（乾坤屯随无妄临革）。元亨（大有）。元亨利涉大川（蛊）。元亨，南征吉（升）。元吉亨（鼎）。元吉，可贞，利有攸往（损）。

亨：小畜履谦坎丰震。

亨利：噬亨，利用狱。复亨，利有攸往。贲亨，小利有攸往。

亨利贞：蒙同人亨，利涉大川，利君子贞。恒亨，利贞，利有攸往。兑涣亨，利涉大川，利贞。遁亨，小利贞。

亨利贞吉：咸亨利贞，取女吉。萃亨利贞，用大牲吉。小过亨利贞，不宜上，宜下，大吉。

亨小利贞吉：既济亨小，利贞，初吉终乱。

亨无攸利：未济亨，小狐汔济，濡其尾，无攸利。

亨贞吉利：需光亨贞吉，利涉大川。

亨贞吉无咎：困亨贞，大人吉无咎。

亨不可贞：节亨，苦节不可贞。

小利亨：巽小亨，利有攸往。

小亨贞吉：旅小亨，旅贞吉。

利：豫利建侯行师。益利有攸往，利涉大川。

利用狱：噬嗑。

利亨：大过利有攸往，亨。

贞：大壮利贞。

利艰贞：明夷。

利女贞：家人。

利贞吉：大畜利贞，不家食吉，利涉大川。蹇利西南，不利东北，利见大人，贞吉。

利贞亨吉：离利贞亨。畜牝牛吉。

利吉：解利西南，有攸往，夙吉。

不利：剥不利有攸往。

不利贞：否不利君子贞

贞吉：师贞大人吉，无咎。颐贞吉。

吉元永贞：比吉，原筮，元永贞。

吉亨：泰小往大来，吉亨。

吉利贞：渐女归吉，利贞。涣亨，利涉大川，利贞。

中吉终凶：讼。

小事吉：睽。

凶：比后夫凶，临有凶，井羸其瓶凶，归妹征凶，无攸利。

无咎：师比随恒困艮。

悔亡：革。

有厉： 夬。

有眚： 无妄。

爻占类

元吉： 坤五黄裳元吉，讼五讼元吉，履上其旋元吉，泰五以祉元吉，复初无祇悔元吉，大畜四童牛之牿元吉，离二黄离元吉，损五元吉自上佑也，益初元吉无咎，五勿问元吉，井上有孚元吉，涣四涣其群元吉。

元永贞： 萃五元永贞悔亡。

亨： 否二大人否亨，大畜上何天之衢亨，节四安节亨。

利见大人： 乾二五。

利贞： 夷五、损三、鼎五。

利永贞： 坤用六、艮初。

利居贞： 屯初、随三。

利建侯： 屯初。

利御寇： 蒙上、渐二。

利执言： 师五。

利女贞： 观二。

利艰贞： 噬四。

利有攸往： 无妄二、大畜三、损上。

利涉大川：颐上九、未济三。

利于不息之贞：升上。

利出否：鼎初。

利幽人之贞：归妹二。

利武人之贞：巽初。

利用刑人：蒙初。

利用恒：需初。

利用侵伐：谦五。

利用行师：谦上。

利用宾于王：观四。

利用为大作：益初。

利用为依迁国：益四。

利用禴：萃二、升二。

利用祭祀：困五。

利用亨祀：困二。

无不利：坤二、屯四、大有上、谦四五、临二、剥五、大过二、遁上、晋五、解上六、巽九五。

无不利：蒙三、临三、无妄上、颐三、恒初、壮上、萃三、归妹上。

不利为寇：蒙上。

不利宾：姤二。

不利涉大川。

女子贞：屯二。

可贞：屯三、无妄四。

不可贞：蛊二。

不可疾贞：夷三。

艰贞：泰三。

恒其德贞：恒五。

得童仆贞：旅二。

贞吉：屯五小贞吉，需五、比二四、履二、否初、谦二、豫二、随初、临初、咸四、恒五、遁五、大壮二四、晋初二、家人二、解二、损上、姤初、升五、未济二四五。

安贞吉：讼四。

居贞吉：颐五、革上。

永贞吉：贲三、益二。

贞吉亨：否初。

贞凶：屯五大贞凶，师五、随四、颐三、恒初、巽上、节上、中孚上。

贞厉：讼三、小畜上、履五、噬五、大壮三、晋四、革三、旅三。

贞吝：泰上、恒三、晋上、解三。

吉：蒙五、比五、小畜二、否二五、同人四、大有五、谦初、随五、临五、复二、大畜五、颐四、大过四、离五、恒五、遁三四、夷二、家人五、睽上、益二、革四、鼎二、震初、艮上、渐二五、归妹五、丰二四五、巽五、兑初二、涣初、节五、未济五。

大吉：家人四、革四、升初、鼎上。

居吉：咸二。

往吉：屯四、无妄初、晋五。

征吉：泰初、困上、革二、归初。

厉吉：颐上。

中吉：师二。

终吉：需二上、讼初三、履四、谦二、蛊初、贲五、家人上、鼎三。

艰则吉：大壮上。

有它吉：比五。

贞吉，安贞吉，居贞吉，永贞吉，贞吉亨。

凶：师初三、比上、履三、豫初、噬上、剥四、复上、颐初、大过三、坎初上、离三、咸二、恒五上、益上、姤四、困二、鼎四、渐三、丰上、旅上、兑二、节二、小过初三上。

有凶：夬三。

见凶：姤初。

起凶：姤四。

征凶：小畜上、颐二、大壮初、损二、困二、革三上、震上。

蔑贞凶：剥初二。

终有凶：夬上。

悔：豫三、困上。

有悔：乾上、复三、困上。

小有悔：蛊三。

亏悔：鼎三。

无悔：同上、复五、咸五、壮五、涣三、夬五。

无祇悔：复初。

悔亡：咸四、恒二、壮四、晋三五、家初二、睽初五、夬四、萃五、艮五、巽四五、兑二、涣九二。

悔厉吉。

吝：蒙四、同二、观初、困四、巽三、未初。

小吝：噬三、萃三。

终吝：家人三。

往吝：屯三、蒙初、咸二。

往见吝：蛊四。

有它吝：大过四。

吝终吉：贲五。

贞吝：泰三、恒三、晋上、解三。

无咎：乾三厉无咎，四或跃在渊无咎。坤四括囊无咎。需初利用恒无咎。师二吉无咎，四左次无咎，五执言无咎。比初比之无咎。小畜血去惕出无咎。履初素履往无咎。泰三艰贞无咎。否四有命无咎。同人同人于门无咎。大有初无交害，匪咎，艰则无咎，二有攸往无咎，四匪其彭无咎。豫上有渝无咎。蛊初有子考无咎，三小有悔无大咎。临三既忧之无咎，四上吉无咎。观初小人无咎，五君子无咎，上同。噬初灭趾无咎，二灭鼻无咎，三小吝无咎，五贞厉无咎。贲上白贲无咎。剥三剥之无咎。复三厉无咎。无妄四可贞无咎。颐四其欲逐逐无咎。大过初藉用白茅无咎，五老妇士夫无咎，上灭顶凶无咎。坎四终无咎，五既平无咎。离初敬之无咎，上获匪其丑无咎。晋初裕无咎，上厉吉无咎。睽初见恶人无咎，二遇主无咎，四厉无咎。解初六无咎。损初遄往无咎，四有喜无咎，上益之无咎。益初元吉无咎，三益用凶事无咎。夬三有愠无咎，五三往无咎，四大吉无咎，五有位无咎，上涕洟无咎。升二用禴无咎，四吉无咎。困二征凶无咎。井四井甃无咎。革二征吉无咎。鼎初以其子无咎。震上于其邻无咎。艮初艮其趾无咎。渐初有言无咎，四得其桷无咎。丰初虽旬无咎，三折肱无咎。巽二吉无咎。涣五涣王居无咎，上逖出无咎。节初不出无咎，三不节则嗟无咎。中孚马匹亡无咎，五有孚挛如无咎。小过二遇臣无咎，四无咎。既济初曳轮濡尾无咎。未济上饮酒无咎。

何咎：随四道明何咎。睽五厥宗噬肤何咎。

为咎：夬初往不胜为咎。

匪咎：大有初无交害匪咎。

无大咎：蛊三小有悔无大咎。

厉：乾三、蛊初、复三、遁初三、既济上。

悔厉吉：家人三。

厉吉：颐上、晋上。

厉终吉：蛊初。

贞厉：见贞类下。

往厉：小过四。

有厉：大畜初。

厉无咎，厉无大咎。

灾眚：小过上。

灾：无妄三、旅初。

无眚：讼二、震三。

有灾眚：复上。

卦爻道德例

卦利贞：乾元亨利贞。

安贞吉：坤即此二者为例，贞虽是占，其实训正道，贞则利，不贞则不利，安贞则吉，不安贞则不吉。如无妄元亨利贞，其匪正有眚，义昭然矣。此文王因占寓正道之教。

道：复反复其道。

有孚：需讼观坎损。

孚：夬孚号，革乃孚。

爻道：小畜初复自道，履二履道坦坦，随四有孚在道。

德：讼三旧德，小畜上尚德，恒三不恒其德，五恒其德，益五惠我德。

敬：需上敬之终吉，离初敬之无咎。

知：临五知临。

允：晋三众允悔亡。升初允升大吉。

有孚：比初、小畜四五、随四、大壮初、家人上、解五、益三五、萃初、井上、革三四五、丰二、中孚五、未济五上。

孚：泰三四、大有五、随五、解四、姤初、孚二五、升二、兑二五。道德等类非是取象阴阳爻，皆通称也。

即命：讼四命正理也。

翼道性命：彖乾道变化，各正性命。

性情：文言乾利贞者性情也。

诚：乾九二言闲邪存其诚。

敬：坤六二言敬以直内。

仁：乾九二言仁以行之。

义：坤六二言义以方外。

德：敬义立而德不孤，以上并文言。

太极：系辞上太极乃极至之理，此又指道德性命之根源以示人也。十翼言道德类不一，难以悉书，不道德以为占，非小人盗贼所能用审也。

卜筮类

愚既分象占二类，又观朱子答东莱先生有曰，《易》中如利用祭祀、利用享祀，只是卜祭则吉。田获三品，只是卜田则吉。公用享于天子，只是卜朝觐则吉。利建侯，只是卜立君则吉。利用为依迁国，只是卜迁国则吉。利用侵伐，只是卜侵伐则吉之类。推之于事，此类不一，亦欲私识其说，与朋友订之，而未能也（又袭盖卿录，易本为卜筮设，如曰利涉大川，是利于行舟也。利有攸往，是利于启行也。大率如此。又郑可学录，如利涉大川，或是渡江，而推类方通，则各随其事）。按此是又合象占为一类。盖在易为象，在人则为事，且如利涉大川，涉川本只是象，人则真有涉川之事，利与不利则是占。今随卦爻中所指定事处类之，合象占为一例，以便观览。且成朱子欲识其说，与朋友共订之遗意也。

君道[①]天子

卦比：吉，原筮元永贞，无咎。

丰：亨，王假之，勿忧，宜日中。筮处丰亨之道。

涣：亨，王假有庙。筮假庙。

萃：亨，王假有庙，用大牲吉。筮假庙致亨。

屯：元亨利贞，利建侯。筮立君。

豫：利建侯行师。筮立君用兵。

晋：康侯用锡马蕃庶，昼日三接。筮受朝觐。

师：贞，丈人吉，无咎。

夬：扬于王庭，孚号有厉，告自邑不利。

井：改邑不改井。筮改邑。

爻乾：九五飞龙在天，利见大人。筮即位。

比：九五显比，王用三驱，失前禽。

家人：九五王假有家，吉，王者纳后吉。

涣：九五涣汗其大号，涣王居，无咎。

屯：初九磐桓利居贞，利建侯。筮建侯。

益：上九得臣无家。筮用人。

---

① 〔眉批〕此数项尤当细心体之，则占无不验。

益：六二王用享于帝，吉。筮祭天。
随：上六王用享于西山。筮祭山。
升：六四王用享于岐山。筮祭山。
晋：六二受兹介福，于其王母。王者筮享先妣。
离：上九王用出征，有嘉折首，获匪其丑。
既济：高宗伐鬼方，三年克之。筮征伐。
师：上六大君有命，开国承家，小人勿用。筮赏战功。
泰：六五帝乙归妹，以祉元吉。筮嫁妹。
归妹：六五帝乙归妹，占同上。
剥：六五贯鱼以宫人宠，无不利。筮宫人。
遁：九三畜臣妾吉。

臣道

爻坤：六三或从王事，无成有终。筮从王事。
讼：六三或从王事，无成，用上不吉。
大有：九二公用亨于天子，小人弗克。筮朝觐。
益：六三有孚中行，告公用圭。筮告公。
益：六四中行告公从，利用为依迁国。筮告公迁国。
蹇：六二王臣蹇蹇，匪躬之故。大臣当国难。
鼎：六四鼎折足，覆公悚，其刑渥，凶，大臣不吉之占。

讼 狱

卦讼：有孚，窒惕，中吉，终凶。筮公讼。

噬嗑：亨，利用狱。筮用狱。

爻讼：初六不永所事，小有言，终吉。筮讼吉。

讼：九二不克讼，归逋邑，无眚。

讼：九四复即命渝，安贞吉。筮讼贞吉。

讼：上九或锡鞶带终朝。

蒙：初六利用刑人，用说桎梏，以往吝。

噬：初九履校灭趾，无咎。

噬嗑：上九何校灭耳，凶。

坎：上六系用徽纆，寘于丛棘，三岁不得，凶。

睽：六三其人天且劓，无初有终。

兵 师田附

卦师：贞，丈人吉。已见君道类。

夬：不利即戎。

爻师：初六师出以律，否臧凶。筮师以律吉。

师：九二在师中吉无咎，王三锡命。筮师吉。

师：六三师或舆尸，凶。筮师败凶。

师：六四师左次。筮行师。

泰：上六勿用师，自邑告命。

同人：九二伏戎于莽，升其高陵，三岁不兴。

同人：九五先号咷后笑，大师克相遇。筮师克。

谦：六五利用侵伐。

谦：上六利用行师征邑国。筮师利。

复：上六行师大败，国君凶。筮行师凶。

晋：上九维用伐邑，厉吉无咎。

明夷：九三明夷于南狩，得其大首。

夬：九二莫夜有戎，勿恤吉。

未济：九四震用伐鬼方，三年有赏于大国。

履：六三武人为于大君。筮将师。

巽：初六利武人之贞。

屯：六三即鹿无虞，入于林中，往吝。筮田不吉。

师：六五田有禽，利执言，无咎。筮田吉。

恒：九四田无禽。

解：九二田获三狐，得黄矢，贞吉。

巽：六四田获三品。

家　宅妾附

卦家人：利女贞。

大过：栋桡。

爻蛊：初六干父蛊，考无咎，厉终吉。

蛊：九二干母蛊，不可贞。

蛊：九三干父之蛊，无大咎。

蛊：六四裕父蛊，往吝。

蛊：六五干父之蛊，用誉。

家人：初九闲有家，悔亡。

家人：六二无攸遂，在中馈，贞吉。

家人：九三嗃嗃，悔厉吉，妇子嘻嘻，终吝。

家人：六四富家大吉。

家人：上九有孚威如，终吉。

小畜：九三夫妻反目。

恒：六五恒其德贞，妇人吉，夫子凶。

困：六三入于其宫，不见其妻，凶。

渐：九三夫征不复，妇孕不育，凶。

渐：九五妇三岁不孕，终莫之胜，吉。

既济：六二妇丧其茀，勿逐，七日得。

大过：九三栋桡凶。

大过：九四栋隆吉，筮宅吉。

丰：上六丰屋，蔀家，窥户，无大凶。

鼎：初六得妾子，无咎。筮纳妾有子。

遁：九三系遁，有疾厉，畜臣妾吉，亦纳妾吉占。

小畜：小四有孚挛如，富以其邻。

泰：六四翩翩，不富，以其邻。

谦：六五不富以其邻。

震：上六震不于躬，于邻，无咎。

婚　姻

卦咸：亨，利贞，取女吉。

姤：女壮，勿用取女。

渐：女归吉，利贞。

归妹：征凶，无攸利。

爻屯：六二女子贞不字，十年乃字。

屯：六四求婚媾，往吉利。

贲：六四匪寇婚媾。

睽：上九匪寇婚媾，遇雨吉。

蒙：九二纳妇吉。

蒙：九三勿用取女，不有躬，无攸利。

大过：九二老夫得其女妻，无不利。

大过：九五老妇得其士夫，无咎无誉。

震：上六婚媾有言。

归妹：上六女承筐无实，士刲羊无血。

师　友交朋客附

卦蒙：亨，童蒙求我，初筮吉，利贞。
爻损：六三三人损一人，行得友。
随：初九出门交有功。
随：六二系小子失丈夫。
随：六三系丈夫失小子。
豫：九四勿疑，朋盍簪。
咸：九四憧憧往来，朋从尔思。
蹇：九五大蹇朋来。
解：九四解而拇，朋至斯孚。
需：上六不速客三人来，敬之吉。

见　贵

卦讼：利见大人。
蹇：利见大人。
升：用见大人。

巽：利见大人。

爻乾：九二见龙在田，利见大人。

乾：九五利见大人，见君道类。

蹇：上六往蹇来硕，吉，利见大人。

仕　进隐附，此又附君子小人。

卦大畜：不家食吉。

爻泰：初九拔茅茹，以其彙，征吉。

观：六三观我生进退。

观：六四观国之光，利用宾于王。

中孚：九二我有好爵，吾与尔靡之。

坤：六四括囊无咎无誉，筮此宜隐。

蛊：上九不事王侯，高尚其事，筮此宜隐。

君子：筮与小人胜负。

卦泰：小往大来，吉亨。

否：不利君子贞，大往小来。

同人：利君子贞。

谦：亨，君子有终。

剥：不利君子之占。

遁：君子以遁而亨之占。

夬：君于去小人之占。

爻否：九四有命无咎，畴离祉，众君子吉占。

观：初六小人无咎，君子吝。

观：九五观我生，君子无咎。

观：上九观其生，君子无咎。

剥：上九君子得舆，小人剥庐。

遁：九四好遁，君子吉，小人否。

明夷：初九君子于行，三日不食。

明夷：六五箕子之明夷，利贞。

睽：初九见恶人无咎。

解：六五君子维有解，吉，有孚于小人。

夬：九三君子独行遇雨，若濡有愠，无咎。

革：上六君子豹变，小人革面。

未济：六五君子之光，有孚，吉。

出　行

卦坤：君子有攸往，先迷后得，主利，西南得朋，东北丧朋，安贞吉。

屯：勿用有攸往。

贲：亨，小利有攸往。

剥：不利有攸往。

复：亨，出入无疾，反复其道，七日来复。

无妄：不利有攸往。

大过：利有攸往。

坎：有孚，维心亨，行有尚。

恒：亨，无咎，利贞，利攸往。

蹇：利西南，不利东北。

解：利西南，有攸往，夙吉。

损：有孚元吉，无咎可贞，利有攸往。

益：利有攸往。

夬：利有攸往。

萃：亨，利有攸往。

升：南征吉。

巽：小亨，利有攸往。

爻屯：六四往吉无不利。

蒙：初六以往吝。

小畜：上九君子征凶。

履：初九素履往无咎。

泰：初九以其彚，征吉。

随：六三利居贞。

贲：初九舍车而徒。

复：初九不远复。

复：六四中行独复。

无妄：初九无妄往吉。

无妄：六二则利有攸往。

无妄：六三行人之得。

无妄：上九无妄行有眚，无攸利。

大畜：初九有厉利已。

大畜：九三利有攸往。

大畜：上九何天之衢，亨。

颐：六二征凶。

咸：六二咸其腓，凶，居吉。

咸：九三咸其股，执其随，往吝。

遁：初六勿用有攸往。

大壮：初九壮于趾，征凶。

晋：六五往吉无不利。

明夷：初九有攸往，主人有言。

明夷：六二用拯马壮，吉。箧避患吉。

明夷：六四于出门庭。

睽：六四往何咎。

睽：上九往遇雨则吉。

蹇：初六往蹇，三四上同。

损：初九遄往无咎。

损：六三三人行则损一人。

损：上九利有攸往。

夬：初九往不胜为咎。

夬：九四臀无肤，其行次且。

夬：九五中行无咎。

姤：初六有攸往见凶。

姤：九三其行次且，厉，无大咎。

萃：初六往无咎。

萃：六三往无咎，小吝。

困：九二征凶。

困：上六征吉。

革：六二征吉，无咎。

革：九三征凶，贞厉。

革：上六征凶，居贞吉。

鼎：九三其行塞。

震：六三震行无眚。

震：九四震遂泥。

震：六四震往来厉。

震：上六征凶。

艮：初六艮其趾。

艮：六二艮其腓。

艮：六四艮其身。

渐：九三夫征不复。

归妹：初九征吉。

丰：初九往有尚。

丰：六二往得疑疾。

巽：初六进退。

涣：初六用拯马壮，吉。簸济涣。

节：初九不出户庭，无咎。

节：九二不出门庭，凶。

节：九五往有尚。

小过：九四往厉必戒，勿用永贞。

未济：六三征凶。

舟　车

卦需：有孚，利涉大川。

讼：窒惕，不利涉大川。

同人：于野亨，利涉大川。

蛊：元亨，利涉大川。

大畜：利涉大川。

益：利涉大川。

涣：利涉大川，利贞。

中孚：利涉大川，利贞。

爻谦：初六用涉大川吉。

颐：六五不可涉大川。

颐：上九利涉大川。

未济：征凶，利涉大川。

大有：九二大车以载。

大畜：九三舆说輹。

大畜：九二舆说輹。

大壮：九四壮于大舆之輹。

困：九四困于金车，吝。

既济：初九曳其轮，无咎。

未济：九二曳其轮，贞吉。

旅 客

卦旅：小亨，小贞，吉。

爻旅：初六旅琐琐，斯其所取灾。

旅：六二旅即次，怀其资，得童仆贞。

旅：九三旅焚其次，丧其童仆，贞厉。

旅：九四旅于处，得其资斧，我心不快。

旅：上九旅人先笑后号咷，丧牛于易，凶。

酒 食

卦颐：贞吉，自求口实。

大畜：不家食吉。

爻需：九五需于酒食，贞吉。

噬嗑：六三噬腊肉，遇毒，小吝无咎。

噬嗑：九四噬乾胏，得金矢，利艰贞吉。

噬嗑：六五筮乾肉，得黄金，贞厉无咎。

困：九二困于酒食。

鼎：九三雉膏不食。

疾　病

爻豫：六五贞疾，恒不死。

无妄：九五无妄之疾，勿药有喜。

遁：九三有疾厉。

损：六四损其疾，使遄有喜，无咎。

鼎：九二我仇有疾，不我能即，吉。

丰：六二往得疑疾，有孚发若，吉。

兑：九四商兑未能，介疾有喜。

豫之上六、升之上六皆无生气。

祭　祀

卦观：盥而不荐，有孚颙若。

损：有孚，曷之用，二簋可用亨。

爻萃：六二孚乃利用禴。

升：九二孚乃利用禴，无咎。

困：九二利用享祀。

困：九五利用祭祀。

既济：九五东邻杀牛，不如西邻之禴祭，实受其福。

畴雨

卦小畜：亨，密云不雨，自我西郊。

爻小畜：上九既雨既处。

睽：上九往遇雨则吉。

鼎：九三方雨亏悔，终吉。

小过：九五密云不雨，自我西郊。

寇盗

爻蒙：上九不利为寇，利御寇。

需：九三需于泥，致寇至。

解：六三负且乘，致寇至。

渐：九三利御寇。

畜类

卦坤：元亨，利牝马之贞。

晋：锡马蕃庶。

离：畜牝牛吉。

爻屯：六二乘马班如，四上同。

贲：六四白马翰如。

大畜：九三良马逐。

明夷：六二用拯马壮，涣初六同。

睽：初九丧马勿逐，自复。

中孚：六四马匹亡，无咎。

无妄：六三或系牛，行人得，邑人灾。

大畜：六四童牛之牿，元吉。

遁：六二执之用黄牛之革。

睽：六三其牛掣。

革：初九巩用黄牛之革。

旅：上九旅人先笑后号咷，丧牛于易。

大壮：九三羝羊触藩，羸其角。

大壮：六五丧羊于易。

大壮：上六羝羊触藩，不能退，不能遂。

夬：九四牵羊悔亡。

归妹：上六士刲羊，无血。

大畜：六五豮豕之牙，吉。

睽：上九见豕负涂。

姤：初六羸豕孚蹢躅。

卜筮合象占为一说

昔者圣人用易以明，民托之卜筮，然所得之辞，或有悬隔者。如问婚而得田猎，问祭祀而得涉川，问此答彼，阔然不相对，岂有迁就迂诞而用之者哉！若是则卦爻之辞，皆赘言矣。传曰其言曲而中，其事肆而隐。因贰以济民行，以明失得之报。又曰明于天之道，而察于民之故，是兴神物，以前民用。又曰探赜索隐，钩深致远，以定天下之吉凶，成天下之亹亹者，莫大乎蓍龟。故系辞焉所以告也，定之以吉凶所以断也。今占筮所得之辞乃不应合，而在于迁就用之，则奈何哉！盖尝思之易以卜筮设教，古人之卜筮最重，非有大事不疑不卜也。其见于书者，虞有传禅之筮，周有征伐之卜而已。故《洪范》曰：汝则有大疑，谋及乃心，谋及卿士，谋及庶人，谋及卜筮，而从逆之间，人谋先之，卜筮次焉。盖诚以事有两可之疑，而后托之卜筮也。而其占又必诚敬专一，积其求决之真情，至诚以达于神明。故神明感应之诚，亦正告之以利害趋向，而不浪漫也。且易之初，其以六十四卦示人以占之例，亦已广矣。求君父之道于乾，求臣子之道于坤，婚姻于咸恒渐归妹，待于需，进于晋，行师于师，争讼于讼，聚以萃，散于涣，以至退于遁，守于困，安于泰鼎，厄于夷蹇，盈于丰大有，坏于损蛊，家人之在室，旅之在涂，既未济，损益，大小过，大上畜，得失进退之义。虽卦名之为七十九字，文义明白，条例具足，亦可决矣。此未有文王卦辞之前，已可占而断者，况又三百八十四爻而示之以变乎？夫人诚有大疑，谋及卜筮，必积其诚意，备其礼物，斋戒专一以占之。大传曰：是以将有为也，将有行也，问焉而以言。其受命也如响，无有远近幽深，遂知来物。此占筮必得应合之辞，受命者神明受祷，占者之命辞也如响者，应之端的，而不漫浪以告也。倘有一毫不敬不诚不一之心，则问此而告彼，阔焉不与事相酬答，实神明之所不主而不告者也。[①] 又何受命如响之云，曷不即卦辞考之，文王于蒙尝起其占筮之教矣。[②] 其言曰：匪我求童蒙，童蒙求我，初筮告，再三渎，渎则不告，利贞。周子曰：筮者叩神也，再三渎，渎则不告矣。此文王之所以起其例也。夫占而揲蓍积十有八变，必成一卦，卦必有卦辞，爻必有爻辞，何以言其告不告也？盖诚意专一而筮，则神之告之卦辞爻辞，应合所问。如占婚姻与咸恒，曰纳妇吉，曰勿用取女，曰归妹征凶，无攸利，占征伐

---

① 〔眉批〕理似是却非。

② 〔眉批〕非谓不诚。

曰利用侵伐，曰在师中吉，曰不利行师，曰勿用师，占田获猎曰田获三狐，曰田获三品，曰即鹿无虞，曰田无禽。若此者，皆所谓告也。若夫卦辞爻辞不应占之事，此则诚意不至，二三之渎，而所谓不告者也。此即文王之所谓不告也。不然，则得卦爻必有辞以告之，又何以有不告之云夫！诚敬不至则吾心之神明不存，而神明之神亦爽，得不合之辞而犹曰神明之告我也①，必有他意，揣摩臆度，迁就曲推，强取以定吉凶，以至狂妄侥幸悖辞之念，皆自此生者，古有之矣，是惑之甚也。况世之占者忽略灭裂，亵渎琐细，不敬尤甚，乃欲以此求神明之指，其所之至于不验，又妄以为卜筮之理不可信，彼岂知夫告不告之道哉！

十应灵枢篇②

凡卦以体为内，用为外者，常也。以十应之妙为外者，变也。以内外卦参看，内卦不吉而外吉，可以解其凶，内卦吉而外不吉，有以破其吉矣。必内外卦全吉为美。外卦十应之目，详列于下。成卦之时，随其所应断之。

---

① 〔眉批〕安知不告之告，尤深于告之告也。

② 〔眉批〕姑存以备观，论多不经处。

天霁晴明为乾，若乾兑体则比和为吉，坎体则逢生为大吉，坤艮体则泄气，震巽体逢克而不吉矣。晴霁日中为离，坤艮体吉，乾兑体不吉。雨雪为坎，震巽体则不吉。雷风为震，巽离体则吉，坤艮则体吉。阴云为坤，雾气为艮，星月为兑。克体者，天时不顺，生体者，天意有待。此天时之应也。

茂林修竹为震巽，离与震巽之体利焉，坤艮之体忌之。江泽川津溪涧为坎水之地，震巽体吉而离体凶。窑灶之所为离，坤艮体吉，乾兑不利。山石之地为艮，乾兑坤艮之体吉，而坎体不宜。公廨为乾，田野为坤，土石砖瓦之所为艮，败墙败壁为兑，生吉克凶。此地理之应也。

老人为乾，老妇为坤，艮少男，巽少女，五行生克比和，与前同断。至于人事纷见，随吉凶之意以为兆。如问财见钱宝等物，占功名见文书公服，卜婚见圆物鱼雁之类，皆吉。此人事之应也。

月令日值五行衰旺之气，如木旺寅卯月日，火旺巳午月日，体卦忌日辰形克，宜日辰生旺，体卦气宜旺不宜衰。此时令之应也。

方卦论吉凶者以体卦为主，看来占之人在何方位，与体卦有无生克。方生体吉，体生方耗气。体克方吉，方克体不宜，加以参详。如坎体宜坎位，若震巽之位，则不吉。离居离位，如坤艮乾兑之位，则不吉。盖本卦之位宜用卦之生，不宜所在之方受用卦之克。若夫器物之卦，所占之方又须审之。如水从地来为坎，卦气则旺，从坤艮方来，则衰。火从南方为离，则气旺，北来则衰。余仿此。盖本卦气方为旺，而受克之方为衰。生体卦气宜乘旺方，克体卦气宜在受克之方。夫震巽之方不论乾兑坤艮，坤艮之方不论坎，坎方不论离，离方不论乾兑，乾兑方不论离震巽，以其体卦受方卦之克而无气也。此方卦之应也。

乾马，坤牛，震龙，巽鸡，坎豕，离雉，艮犬，兑羊，又螺蚌之类为离，鱼盐之类为坎，此动物之象。以体卦参之，其不论卦象者，鸦报灾，鹊言喜，鸿雁主音信，蛇蝎防毒害，鸡鸣主佳音，马嘶主丧动。此动物之应也。

静乃器物之类。有类卦象者，水坎火离，木器乃震巽，金乃乾兑，土为坤艮。与体卦相参详，有无生克合刑，其不分卦象者，但观器物之兆。圆者事成，缺者事败之意。又详何器物，如笔墨主文书，袍笏主官职，尊俎之具主贵，集枷锁之具防官灾。此静物之应也。

言语不论卦象，但详其事绪而为占卜之应。问吉则吉，凶则凶。若从人闹市，难以推断，坐听人少之处，或言或语，可辨事情。审其所言何事，心领而意会之。如说朝廷可以求名，说商贾货财可以谋利，讲鬼神医巫主疾病，论州县江湖主出行，争讼主官非，喜庆主婚姻。事虽不一，仿此而推，喜笑则吉，喧争则讼，事机成矣。此言语之应也。

凡耳所闻之声音，若论卦象，则雷声为震，风声为巽，雨声为坎。若鼓板槌拍之声出于木者皆为震巽，钟磬铃钹之声皆出于乾兑。此声音之卦象，可与体卦参决，其余悲喜歌怒各以类应。若物之鸦鹊分吉凶，鹰鸡主远信，皆声音之应也。

五色不论卦象，但以所见之色推五行。青碧绿为木，白属金，黑为水，黄为土，红为火。外卦之五行，应内卦之生克，比和吉而克泄凶。此五色之应也。

左传筮法皆杜林之本，注一十九条。

陈宣公筮公子完之生[1]

观 ䷓否初爻变

庄公二十二年，陈人杀其太子御寇（宣公杀其太子）。陈公子完奔齐（寇御寇党）。齐侯（桓公）使敬仲（完字）为卿，辞，使为工正（掌百工官）。初，懿氏卜妻敬仲（懿氏陈大夫）。其妻占之，曰：吉。是谓凤凰于飞，和鸣锵锵（犹夫妇相随适齐）。有妫之后（妫陈姓），将育于姜（齐姓）。五世其昌，并于正卿。

① 〔眉批〕占易要诀，尽在其中。

八世之后，莫之与京。陈厉公，蔡出也（姊妹之子曰出），故蔡人杀五父而立之（五父陈佗）。生敬仲。其少也，周史（周太史）有以《周易》见陈侯者，陈侯使筮之，遇观之否，曰：是谓观国之光，利用宾于王。此其代陈有国乎？不在此，其在异国，非此其身，在其子孙。① 光，远而自他有耀者也。坤土也，巽风也，乾天也。风为天于土上，山也。有山之材，而照之以天光，于是乎居土上，故曰观国之光。庭实旅百，奉之以玉帛，天地之美具焉，故曰利用宾于王（四为诸侯，变乾，有国朝王之象。艮为门庭，乾为金玉，坤为布帛，诸侯朝王陈贽帛之象。旅陈也，百物言备）。犹有观焉，故曰其在后乎（因观文以博占，故曰犹有观。非在己之言，故知在子孙）。风行而著于土，故曰其在异国乎。若在异国，必姜姓也。姜，大岳之后也（姜姓之先为尧四岳）。山岳则配天，物莫能两大。陈衰，此其昌乎（变而象艮，固知当兴于大岳之后）！及陈之初亡也（昭八年楚灭陈），陈桓子始大于齐（桓子敬仲，五世孙陈无宇），其后亡也（哀十七年楚复灭陈），成子得政（成子，陈常也，敬仲八世孙。卜筮者，圣人所以定犹豫，决疑似，因生义教者也。书洪范，通龟筮，以同卿士之教。南蒯卜乱而遇元吉，惠伯答以忠信则可，臧会卜僭，遂获其应。丘明故举诸辞应于行事者，以示来世，而君子志其善者远者。他皆放此）。

---

① 〔眉批〕此占必得于春令木旺时也。

愚谓贞观全体夹画艮三巽五，互体亦艮，今必曰风为天，于土上为山，于天光照山之材，故曰观国之光。[①] 又曰庭实玉帛具天地之美，故曰利用宾于王。如此则是观因变否有乾天之光，有艮山之材，有坤地之土，又具乾天坤地之美为贽，而后成观六四一爻之辞，何其谬也！扭合傅会，本不足法，特以其去经最近，取互体甚明，说象无滞碍，为有补焉耳。看来左氏所载占辞，决非尽当时史氏之笔，要皆左氏引而自文之，以故扭合傅会处尤多。[②]

毕万筮仕于晋

屯䷂比一爻变

闵公元年，晋侯（献公）作二军。公将上军，太子申生将下军，赵夙御戎，毕万为右（为公御右也。夙，赵衰兄。毕万，魏犨祖父）。以灭耿，灭霍，灭魏（三国皆姬姓）。还赐毕万魏，以为大夫。卜偃（晋掌卜大夫）曰：毕万之后必大。万，盈数也。魏，太名也。以是始赏，天启之矣。天子曰兆民，诸侯曰万民。今名之大，以从盈数，其必有众。初，毕万筮仕于晋，遇屯之比。辛廖（晋大夫）占之曰：吉。屯固

① 〔眉批〕不知时用，糊批甚矣。

② 〔眉批〕少见多怪，自昔已然。

比入，吉孰大焉。其必蕃昌[1]（屯险难，所以为坚固。比亲密，所以得入）。震为土（变坤），车从马（震车，坤马），足居之（震），兄长之（震长男），母覆之（坤），众归之（坤为众），六体不易（一爻变，六义），合而能固，安而能杀，公侯之卦也（比合屯固，坤安震杀，故曰公侯之卦）。公侯之子孙，必复其始（万，毕公高之后。传为魏之子孙众多张本）。

愚按《朱子启蒙》谓一爻变则以本卦变爻辞占。其下亦引毕万所筮，以今观之，未尝不取之卦，且不特论一爻，兼取贞悔卦体，似可为占者法也。他仿此。

鲁桓公筮成季之将生

大有 ☲乾一爻变

闵公二年，秋，八月，共仲使卜齮贼公于武闱（宫中小门。愚按共仲，公子庆父，通夫人哀姜，故弑闵公）。成季以僖公适邾。共仲奔莒，乃入，立之（愚谓成季以僖公入立之）。成季之将生也，桓公使卜楚丘（鲁掌卜大夫）之父卜之。曰：男也。其名曰友，在公之右（左右言用事）。间于两社（周社、亳社。两社之

① 〔眉批〕此必春初占，方能如此吉。

间，朝廷执政所在)，为公室辅。季氏亡，则鲁不昌。又筮之，遇大有之乾，曰：同复于父，敬如君所（乾为君父，离变乾，见敬与君同）。及生，有文在手曰友，遂以命之。

秦伯伐晋卜徒父筮之吉

蛊 ䷑六爻不变

僖公九年，齐师会秦师，纳晋惠公（愚按晋献公因骊姬之难，太子申生死，公子重耳、夷吾出奔。九年，献公卒，秦穆公纳夷吾，是为惠公）。十五年，初，晋侯之入也，许赂秦伯以河外列城五，既而不与。晋饥，秦输之粟（十三年），秦饥，晋闭之糴（十四年）。故秦伯伐晋。卜徒父筮之，吉（徒父，秦掌龟卜者。卜人用筮，豫所见杂言之）。涉河，侯军败，诘之（秦军涉河，晋侯军败。秦伯不解，谓败在己，故诘）。对曰：乃大吉也，三败必获晋君。其卦遇蛊，曰千乘三去，三去之余，获其雄狐。夫狐蛊，必其君也（于易利涉大川，亦秦胜晋之卦。今所言，盖卜筮书杂辞，以狐为君，其义欲以谕晋君，其象则未闻）。蛊之贞，风也。其悔，山也。岁云秋矣，我落其实而取其材，所以克也（秋风落木实，则材为人取）。实落材亡，不败何待？三败，及韩（晋军三败）。壬戌，战于韩原（九月十三），秦伯获晋侯以归。穆姬（晋献公女，为秦穆公夫人）曰：晋君朝以入，则婢子夕以死；夕以入，则朝以死。惟君裁之！乃舍诸灵台。许晋侯平。

愚按《朱子启蒙》，六爻不变则占本卦彖辞，而以内卦为贞，外卦为悔。今虽不及彖辞，而以贞悔分彼我，亦可以见占法矣。

晋献公筮嫁伯姬于秦

归妹 ䷵睽一爻变

僖公十五年，初，晋献公筮嫁伯姬于秦，遇归妹之睽。史苏（晋卜筮史）占之曰：不吉。其繇曰士刲羊，亦无衁也。女承筐，亦无贶也（上六爻辞。衁，血。贶，赐。上六无应，所求不获，故下刲无血，上承无实）。西邻责言，不可偿也（嫁女遇不吉之卦，故知有责让之言不可报偿。愚谓西邻责言兑象，秦在西，为晋之邻，震变，故不偿其言）。归妹之睽，犹无相也（无相助，愚谓睽故无相助）。震之离，亦离之震，为雷为火，为嬴败姬，车说其輹，火焚其旗，不利行师，败于宗丘（丘犹邑。上六爻在震则无应，故车说輹。在离则失位，故火焚旗。言失车火之用也。故不利行师。败不出国，近在宗邑。愚谓震变离为兑泽所胜，兑西方，故有嬴败姬之象）。归妹睽狐，寇张之弧（睽上爻之辞），侄其从姑（震木离火，火从木生，离为震妹，于火为姑，谓我侄者，我谓之姑。谓子圉质秦），六年其逋，逃归其国，而弃其家（家谓子圉妇怀嬴），明年其死于高梁之墟（惠公死之明年，文公入，杀怀公于高梁。高梁，晋地。凡筮者用周易，则其象可推，非此而往，则临时占者或取于象，或取于气，或取于时日王相，以成其占。傅会以爻象，则构虚而不经，故略言其归趣）。及惠公在秦，曰：先君若从史苏之占，吾不及此夫。韩简侍曰：龟，象也。筮，数也。物生而后有象，象而后有滋，滋而后有数。先君之败德，及可数乎？史苏是占，勿从何益？

愚按僖公九年九月，晋献公卒，公子夷吾许秦穆公重赂，穆公纳之（十月）。是为惠公十年。不与秦赂。十一年，晋饥，乞糴于秦，秦输之粟。十四年，秦饥，乞糴于晋，晋闭之糴。十五年九月，秦伯伐晋，获晋侯。十一月归晋侯。十六年晋太子圉质秦，秦妻之（质秦，应占言侄其从姑，妻之即怀嬴）。二十二年，子圉逃归晋（应占言逃归其国而弃其家）。二十三年九月，惠公卒，子圉立，是为怀公。二十四年九月，秦穆公纳公子重耳，是为晋文公。二月壬寅，入晋师，怀公奔高梁。戊申，文公使杀怀公于高梁（应占言死高梁之虚）。史苏之占，一何神也！使晋侯践言报施，秦师不兴，占其能应乎？然史苏谓嫁伯姬不吉，今乃以伯姬说身逃难，惠公犹曰先君若从史苏之占，吾不及此，不自反而咎先君，误矣夫！

晋文公筮勤王

大有 ☲睽一爻变

僖公二十四年，冬，甘昭公通于隗氏。王替隗氏。秋，颓叔、桃子奉太叔，以狄师伐周，王出适郑，处于氾（愚按初，襄王以狄师伐郑，王德狄，以狄女隗氏为后。甘昭公，王弟子带也。食邑于甘，河南县西南有甘水，通于隗氏。王废后。初，王使大夫颓叔、桃子以狄伐郑。至是二大夫曰狄其怨我，遂奉大叔，即子带，以狄伐周，王适郑，氾在郑南襄城县）。太叔以隗氏居于温。二十五年，春，正月，丙午，秦伯师于河上，将纳王。狐偃言于晋侯（文公）曰：求诸侯莫如勤王。使卜偃卜之，曰：吉。遇黄帝战于阪泉之兆。公曰：吾不堪也。筮之。筮之遇大有之睽，曰：吉。遇公用享于天子之卦（三爻）。战克而王飨，吉孰大焉。且是卦也，天为泽以当日，天子降心以逆公，不亦可乎（乾变兑以当离，日之在天，垂照在泽，天子在上，说心在下，是降心逆公之象）？大有去睽而复，亦其所也（言去睽卦还论大有，亦有天子降尊之象。乾尊离卑，降尊下卑，亦其义也）。晋侯辞秦师而下。三月甲辰，次于阳樊。右师围温，左师逆王。四月丁巳，王入于王城，取太叔于温，杀之于隰城。戊午，晋侯朝王。王享醴，命之宥（既行享礼而设醴酒，又加之币帛，以助欢也。宥，助也）。

王子伯廖引易论郑公子

丰 ䷶离一爻变

宣公六年，郑公子曼满与王子伯廖语，欲为卿（二子，郑大夫）。伯廖告人曰：无德而贪，其在周易丰之离（丰上六变纯离，易尚变，故虽不筮，必以变言其义。上六曰丰其屋，蔀其家，窥其户，阒其无人，三岁不觌，凶。义取无德而大，其屋不过三岁必灭亡），弗过之矣（不过三年）。间一年，郑人杀之。

愚谓言不可不慎也。心一动于欲而形于言，见吉凶焉。岂伯廖举丰上六之辞奇中哉！易之变固已前知之矣。观此类，其殆所谓易有圣人之道四焉，其一曰以动者尚其变之谓乎！夫所谓动，不特谓我欲动而见诸行事也，见人之善恶是非忽动其心，而必尚易之变以论之，亦是也。吁！易其神矣乎！人心之灵其神矣乎！

晋知庄子引易论先縠之败

师 ䷆临一爻变

宣公十二年，春，楚子（庄王）围郑（前年盟辰陵而又徼事晋故），克之。入自皇门，至于逵路（涂方九轨曰逵）。郑伯肉袒牵羊以逆，王曰：其君能下人，必能信用其民矣。退三十里，许之平。夏，六月，乙卯，晋荀林父救郑，先縠（彘季）佐之。及河，闻郑既及楚平，桓子（林父）欲还，彘子不可，以中军佐济（佐彘子师渡河）。知庄子曰（荀首，林父弟，时为下军大夫）：此师殆哉！《周易》有之，在师之临，曰师出以律，否臧，凶。执事顺成为臧，逆为否（彘子逆命不顺成，故应不臧之凶），众散为弱（坎为众，变兑，兑柔弱），川壅为泽（坎变兑），有律以如己也（如，从也。法行则人从法，法败则法从人。坎为法象，今为众则散，为川则壅，是失法之用，从人之象）。故曰律。否臧，则律竭也（竭，败。变坎为兑，是法败）。盈而以竭，夭且不整，所以凶也（水遇天寒，不得整流，则竭涸也）。不行之谓临（泽不行之物），有师而不从，临孰甚焉？此之谓矣（譬彘子违命不可行）。果遇，必败（遇敌）。彘子尸之（主此祸）。虽免而归，必有大咎（愚按以上《左传》文）。林父帅师及楚子战邲（郑地），晋师败绩（愚引经文一句足其义。传云丙辰，楚重至于邲，重轻，重则战在乙卯日），明年，秋，赤狄伐晋，及清，先縠召之也（邲战不得志，故召秋欲为变）。冬，晋人讨邲之败，与清之师，归罪先縠而杀之，遂灭其族。

愚谓行不可不慎也。心一动而差其所行，凶悔吝已随之。况兵凶器，战危事乎？救郑之师，晋人所不得已也。郑既及楚平，桓子欲还当矣。彘子乃不可，已昧师左次之训，乖长子帅师之义，犯弟子舆尸之戒，又况师之临失律否臧凶，又有如知庄子之所云者乎？其丧师亡身灭宗固其宜矣。呜呼！以动者尚其变，知庄子引易，其殆所谓不假卜筮而知吉凶者欤！读《易》者试思之。

晋厉公筮击楚子

复䷗六爻不变

成公十六年，春，楚子（共王）以汝阴之田求成于郑[①]（郑成公。汝水之南，近郑地）。郑叛晋，从楚子盟于武城。夏，四月，晋侯（厉公）将伐郑，师起，楚子救郑。五月，晋楚遇于鄢陵（郑地）。苗贲皇（贲皇，楚国叔子，宣四年奔晋）言于晋侯曰[②]：楚之良，在其中军王族而已。请分良以击其左右，而三军萃于王卒，必大败之。公筮之。史曰：吉。其卦遇复，曰南国蹙，射其元王，中厥目（此卜者辞也。复，阳长之卦。阳气起子，南行推阴，故曰南国蹙也。南国势蹙，则离受其咎。离为诸侯，又为目。阳气激而飞矢

① 〔眉批〕夏至䷫　　冬至䷗

② 〔眉批〕不明易者，不可言易。五月姤不复有复也。复日南至，姤日北至，坤为国则蹙矣。五月中夏为离之中爻，十一月中冬为坎中爻。坎为矢，离为伤为目，离当令为元，有射元中目之象。䷗复日南至，上六以其国君凶，多指上六说。

之象，故曰射其元王，中厥目）。国蹙王伤，不败何待？公从之。吕锜梦射月，中之（吕锜，魏锜），退入于泥。占之，曰：姬姓日也，异姓月也。必楚王也。退入于泥，亦必死矣。及战，射共王，中目。王召养由基，与之两矢，使射吕锜。中项，伏弢（弓衣）。以一矢复命。楚子宵遁。晋入楚军，三日谷（食楚粟三日）。

愚谓此卦占辞与卦象绝不类，注终未的确。意者震坤拱巽离在中间，楚正南国。今有东方震，西南角坤，而无巽离，西南共坤，各得坤一半，坤为国，岂非南国蹙乎？巽为白眼，离为目，无离无巽，岂非丧目乎？震为苍筤竹，岂非矢乎？若只就两体占，贞我悔彼，初九元吉，上六迷复凶，有灾眚，用行师，终有大败，以其国君凶，坤西南即南国也。震木克坤，上射之义也。国君即元王也。有灾眚，眚为目疾，即中厥目之象也。亦可以旁通矣。

鲁穆姜筮往东宫

艮　随五爻变　宜观艮二爻随二爻，足矣。

襄公九年，穆姜薨于东宫（太子宫。穆姜淫侨如，欲废成公，故徙东宫。愚按姜成公母）。始往筮之，遇艮之八（《周礼》太卜掌三易，杂用连山、归藏二易，皆以七八占，故言遇艮之八。愚按成公十六年，穆姜往东宫筮）。史曰：是谓艮之随（史疑古易遇八卦不利，故更以周易占变爻得随卦而论之），随，其出也（史谓随非闭固之卦）。君必速出。姜曰：亡！是于周易曰，随，元亨利贞，无咎（易筮皆以变者占，遇一爻变，义异，则论象，故姜亦以象占也。史据《周易》，故指言《周易》折之）。元，体之长也。亨，嘉之会也。利，义之和也。贞，事之干也。体仁足以长人，嘉会足以合礼，利物足以和义，贞固足以干事。然故不可诬也，是以虽随无咎（言不诬四德，乃遇随无咎）。今我妇人，而与于乱，固在下位（卑于丈夫），而有不仁，不可谓元，不靖国家，不可谓亨，作而害身，不可谓利，弃位而姣（淫之别名），不可谓贞。有四德者，随而无咎，我皆无之，岂随也哉！我则取恶，能无咎乎？必死于此，弗得出矣！

愚尝谓弃位而姣等语，正姜氏所讳，岂肯自播其恶？况其言曰，是于《周易》曰随元亨利贞，无咎，而继之以元体之长云云，则夏商所未尝道，可见此愚所以为左氏本《文言》语作为穆姜之言明矣。一时不暇详审，径以夫子之言为穆姜之言，后之人反以为夫子引穆姜之言也。详见本义后疑《文言》，辩姑陈其概于此（按《汉上丛说》云：左成公十六年，穆姜往东宫筮之。襄公二十六年，孔子生上距穆姜二十四年，穆姜时虽已诵乾卦文言，然其言与今稍异。[①] 以今易者之

---

① 〔眉批〕卦日数目错。

删改者二，增益者六，则古有是言，孔子文之，为信然矣。此即本义说，备参诣）。

郑太叔引易论楚

复 颐上爻变

襄公二十二年，郑伯使游吉如楚，及汉，楚人还之，曰：宋之盟，君实亲辱。今吾子来，寡君谓吾子姑还。吾将使驿奔问诸晋（问郑君应来否）而以告。子太叔（吉）归复命，告子展曰：楚子将死矣！不修其德政，而贪昧于诸侯，以逞其愿，欲久，得乎？《周易》有之，在复之颐，曰迷复，凶。其楚子之谓乎？欲复其愿（欲郑伯），而弃其本（不修德），复归无所，是谓迷复，能无凶乎？君其往也！送葬而归，以快楚心。楚不几十年，未能恤诸侯也。吾乃休吾民矣（十二月楚子昭卒）。

崔武子筮娶齐棠公妻

困 大过一爻变

襄公二十五年，春，齐棠公（齐棠邑大夫）之妻，东郭偃之姊也。东郭偃臣崔武子。棠公死，偃御武子以吊。见棠姜而美之，使偃取之。偃曰：男女辨姓，今君出自丁（齐丁公，崔杼祖），臣出自桓，不可（齐桓公偃之祖，同姜姓，不可昏）。武子筮之，遇困之大过。史皆曰吉。示陈文子，文子曰：夫从风（坎中男曰夫，变巽曰从风），风陨，妻不可娶也（风陨物者，变而陨，故妻不可娶）。且其繇曰困于石，据于蒺藜，入于其宫，不见其妻，凶（困六三爻辞）。困于石，往不济也（坎水险，石不可动）。据于蒺藜，所恃伤也（坎险，兑伤，天之生物而险者，蒺藜，据之则伤）。入于其宫，不见其妻，凶，无所归也（卜昏遇困六三，失位无应，则丧其妻，失其所归也）。崔子曰：嫠也何害？先夫当之矣。遂取之。庄公通焉。夏，五月，弑庄公，立景公，相之，庆封相左（景公杵臼，灵公嬖人子，庄公异母弟。庆封崔党）。二十七年，初，崔杼生成及强而寡（偏丧曰寡特也）。娶东郭姜，生明。姜以孤入，曰棠无咎（棠公子）。与东郭偃相崔氏。成疾，废，立明。崔成、崔强杀东郭偃、棠无咎。崔杼怒，见庆封，庆封使庐蒲弊（弊，庆封属大夫）灭崔氏，杀成与强，而尽俘其家，其妻缢（东郭姜）。弊复命崔子，且御而归之（为崔子御）。至，则无归矣，乃缢（终入于其宫，不见其妻，凶）。崔明夜辟诸大墓（开先人冢以藏也）。

愚谓崔杼以一妇人之故，弑其君，灭其家，杀其妻，而丧其身，贪色违筮之祸酷烈如此，悲夫！

秦医和引易对晋赵孟

蛊

晋侯（平公）求医于秦，秦伯使医和视之，曰：疾不可为也。是谓近女室，疾如蛊。非鬼非食，惑以丧志。赵孟曰：何谓蛊？对曰：淫溺惑乱之所生也。于文皿虫为蛊，在《周易》女惑男风落山谓之蛊（少男悦长女，非匹，故惑。山木得风则落）。皆同物也。赵孟曰：良医也！厚其礼而归之。

鲁庄公筮叔孙穆子之生

明夷 ䷣ 谦 ䷎一爻变

昭公四年，初，穆子去叔孙氏，及庚宗，遇妇人，私使为食而宿焉（成十六年，避侨如之难奔齐。庚宗，鲁地）。适齐，娶于国氏（齐正卿，姜姓）。生孟丙、仲壬。梦天压己，弗胜。顾而见人，深目豭喙。号之曰：牛！助予！乃胜之。旦而召其徒，无之。且曰：志之。及鲁人召之，归。既立（鲁立为卿），庚宗妇人献雉。问其姓（问有子否），对曰：余子长矣，能奉雉矣（襄二年，竖牛五六岁）。召见，则所梦也。号曰牛，使为竖（小臣，传言）。有宠，长使为政。公孙明知叔孙于齐（公孙明，齐大夫子明，与叔孙相亲知），归，未逆国姜，子明取之。故怒，其子长而后逆之。牛僭而杀孟，又僭而逐仲。穆子疾病，牛寘馈弗进，叔孙不食，卒（三日绝粮）。牛立昭子，相之（昭子，豹庶子叔孙婼也）。初，穆子之生也，庄叔（穆子父得臣）筮之，遇明夷之谦，以示卜楚丘（小人姓名）曰：是将行（出奔），而归为子祀，以谗人入，其名曰牛，卒以馁死。明夷，日也（离日，夷伤，日明伤）。日之数十（甲至癸），故有十时，亦当十位。自王以下，其二为公，其三为卿（日中当王，食时当公，平旦为卿，鸡鸣为士，人定为舆，黄昏为隶日入为僚，晡时为仆，日昳为台，隅中日出，阙不在第。尊王公，旷其位）。日上其中（王），食日为二（公），旦日为三（卿），明夷之谦，明而未融，其当旦乎！故曰为子祀（庄叔，卿也。卜豹为卿，故知为子祀）。日之谦当鸟，故曰明夷于飞。明而未融，故曰垂其翼。象日之动，故曰君子于行。当三在旦，故曰三日不食（旦在三，又非食时，故三日不食）。离火也，艮山也。离为火，火焚山，山败。于人为言（艮为言。愚谓无所本）。败言为谗（为离焚，故言败），故曰有攸往，主人有言。言为谗也。纯离为牛。世乱谗胜，胜将适离，故曰其名为牛（离焚山则离胜，譬世乱则谗胜。山焚则离独存，故知名牛。竖牛非牡牛，故不吉）。谦不足（谦退），飞不翔（不远翔），垂不峻，翼不广，故曰其为子后乎（不远翔，故知不远大）。吾子，亚卿也，抑少不终（旦日，正卿。庄叔父子，世为亚卿，位不足以终尽卦体，盖引而致之）。昭子即位，朝其家众，曰牛祸叔孙氏，杀适立庶，罪莫大焉，必速杀之。牛惧，奔齐。孟、仲之子杀之塞关之外，投其首于宁风（齐地）之棘上。仲尼曰：叔孙昭子之不劳，不可能也（不以立己为己劳）。周任有言曰，为政者不赏私劳，不伐私怨。诗云有觉德行，四国顺之。

愚谓此卦占辞亦多傅会，又必兼之卦以论本卦爻辞，亦如前失。

卫孔成子筮立君

屯䷂ 比䷇上不变下一爻变

昭公七年，卫襄公夫人姜氏无子（宣姜），嬖人婤始生孟絷。孔成子梦康叔谓己：立元（成子，卫卿烝鉏也。梦时元未生），余使羁之孙圉与史苟相之（羁，烝鉏子。苟，史朝子）。史朝亦梦康叔谓己：余将命而子苟与孔烝鉏之曾孙圉相元。史朝见成子，告之梦，梦协。婤始生子，名之曰元（在二年）。孟絷之足不良，能行。孔成子以《周易》筮之，曰：元尚亨卫国，主其社稷（命蓍之辞）。遇屯。又曰：余尚立絷，尚克嘉之。遇屯之比，以示史朝。朝曰：元亨，又何疑焉（屯元亨）？成子曰：非长之谓乎？对曰：康叔名之，可谓长矣。孟非人也，将不列于宗，不可谓长。且其繇曰利建侯。嗣吉何建？建非嗣也。二卦皆去（谓再得屯），子其建之。康叔命之，二卦告之。筮袭于梦，武王所用也（《大誓》朕梦协朕卜，袭于休祥。武王辞）。弗从何为？弱足者居。侯主社稷，临祭祀，奉民人，事鬼神，从朝会，又焉得居？各以所利，不亦可乎？故孔成子立灵公。

鲁南蒯筮以费叛

坤 ䷁　比 ䷇五爻变

昭公十二年，季平子立，不礼于南蒯（蒯，南遗之子，季氏费邑宰）。南蒯欲出季氏，使子仲（公子整）更其位，不克，以费叛如齐。南蒯之将叛也，枚筮之，遇坤之比，曰：黄裳元吉。以为大吉也。示子服惠伯曰：即欲有事，何如？惠伯曰：吾尝学此矣，忠信之事则可，不然必败。外强内温（坎险故强，坤顺故温），忠也。和以率贞（水和土安贞），信也。故曰黄裳元吉。黄，中之色也。裳，下之饰也。元，善之长也。中不忠，不得其色（言非黄）。下不共，不得其饰。事不善，不得其极（失中德）。外内倡和为忠，率事以信为共，供养三德为善，非此三者弗当。且夫易不可以占险，将何事也，且可饰乎？中美能黄，上美为元，下美则裳，参成可筮。犹有阙也，筮虽吉，未也。十三年，费人叛南氏。十四年，司徒老祁、虑癸（二人南蒯家臣）遂劫南蒯，曰：群臣不忘其君（季氏），将不能畏子矣。何所不逞欲？请送子。南蒯遂奔齐。司徒老祁、虑癸来归费（归鲁）。

愚按朱文公尝谓易中都是正吉，不曾有不正吉，都是利正，不曾说利不正。又曰大率《易》为君子设，非小人盗贼所得窃取而用。又曰《易》中言占者有其德，则其占如是吉，无其德而得其占者，却是反说。如南蒯得黄裳元吉之占是也。且载其事于坤六五爻而曰此可以见占法矣。学者宜有见于斯。

晋蔡墨引易对魏献子

五卦一爻变，一卦六爻变

乾	乾	乾	乾	乾	坤
姤	同人	大有	夬	坤	剥

昭公二十九年，秋，龙见于绛郊（晋国都）。魏献子问于蔡墨（墨，晋大夫），曰：吾闻之矣。虫莫知于龙，以其不生得也，谓之知，信乎？对曰：人实不知，非龙实知。古者畜龙，故国有豢龙氏，有御龙氏。昔有飂叔安（飂，国。叔安，君名），有裔子曰董父，扰（顺也）畜龙，以事舜。帝赐之姓曰董，氏曰豢龙（官名）。其后又有刘累，学扰龙于豢龙氏，以事夏孔甲，赐氏曰御龙。龙一雌死，醢以食夏后，既而使求（求致龙），惧而迁于鲁县。龙，水物也。水官

弃矣，故龙不生得。不然，《周易》有之，在乾之姤曰潜龙勿用，其同人曰见龙在田，其大有曰飞龙在天，其夬曰亢龙有悔，其坤曰见群龙无首吉，坤之剥曰龙战于野，若不朝夕见，谁能物之？

愚按杜氏注曰：今说易者皆以龙喻阳气。如史墨之言则为皆是真龙。愚谓乾六爻皆阳，且变动不居，故以为六龙之象，最为的当，岂得为皆是真龙也哉！然而善易者胸次悠然，与易为一，居观象玩辞，动观变玩占，乃真见其上下无常、刚柔相易，是亦一真龙而已矣。昧者未足与语此。

史墨举易对赵简子

大壮 ䷡六爻不变

昭公三十二年十二月，昭公薨于乾侯（乾侯在魏郡斥丘县，晋境内邑。愚按二十五年，公伐季氏。季平子请罪，弗许，三家遂共伐公。公败，奔齐，次阳州。二十六年、二十七年居郓鲁地。二十八年次乾侯。二十九年居郓。三十年、三十一年、三十二年在乾侯薨。在外凡八年）。赵简子问于史墨曰：季氏出其君，而民服焉，诸侯与之。君死于外而莫之或罪也。对曰：物生有两，有三，有五，有陪贰，故天有三辰，地有五行，体有左右，各有妃耦（谓陪贰），王有公，诸侯有卿，皆有贰也。天生季氏，以贰鲁侯，为日久矣。民之服焉，不亦宜乎！鲁君世从其失，季氏世修其勤，民忘君矣。虽死于外，其谁矜之？社稷无常奉，君臣无常位，自古以然。故《诗》曰高岸为谷，深谷为陵（小雅）。三后（虞夏商）之姓于今为庶，王所知也。在《易》卦，雷乘乾曰大壮，天之道也（乾为天子，震为诸侯，而在乾上，君臣易位，犹臣大强壮，若天上有雷）。

愚按昭公乾侯之事，与夏王相弑商丘，周厉王崩于彘，皆天地间人道非常之大变也。史墨乃妄引陪贰之说，而谓天生季氏以贰鲁侯，[①] 又明言社稷君臣无常，奉无常位，且妄引《诗》《易》以对。左氏从而书之，其与《春秋》书公薨乾侯，如青天白日不可掩蔽，以诛季氏不臣之罪者异矣。呜呼！《春秋》何等时耶？功利之习，坏烂人心，君臣大义，澌灭殆尽，不惟乱臣贼子如三家者放逐其君为不知有君，而惟季氏之服；诸侯不知有君，而惟季氏之与。史墨不知有君而放言无忌，赵简子不知有君而听言不辨，左氏亦不知有君而载言不择。夫岂知陵谷迁改乃地道之变而非常，雷天大壮乃天道之常，初非志变，况易乃崇阳抑阴之书，雷在天上，夫子大象，但取其成四阳壮长之卦，而曰君子以非礼弗履耳。未必如杜氏注所谓君臣易位也。史墨不求其义，妄引以对，可谓诬天矣。天但使季氏贰君，何尝使季氏逐君哉！如墨言一归之

① 〔眉批〕墨引以喻耳，非是季氏也。以一而辞非古人亦谬。

天道，则公僭王卿僭仆乱臣贼子接迹于世矣。纲常安在？然则《春秋》夫子作也，《易》象夫子翼也，道一而已。请得为《易》大壮，一洗史墨之恶论。

鲁阳虎筮救郑

泰 ䷊　　需 ䷄一爻变

哀公九年，夏，朱公伐郑。秋，晋赵鞅卜救郑，不吉。阳虎以《周易》筮之，遇泰之需，曰：宋方吉，不可与也（宋，微子后。今卜得帝乙之卦，故谓宋吉，不可与战）。微子启，帝乙之元子也。宋、郑，甥舅也。祉，禄也。若帝乙之元子归妹，而有吉禄，我安得吉焉？乃止。

集国语注皆韦昭本注

晋筮立成公

乾 ䷀　　否 ䷋三爻变

周语，简王十二年，晋孙谈之子周适周，事单襄公（谈，晋襄公之孙惠伯谈也。周，谈之子，晋悼公名。晋自献公用骊姬谗诅，不畜群公子，故周适周，事单襄公）。襄公有疾，召顷公（襄公子）而告之曰：必善晋周，将得晋国。成公之归也，吾闻晋之筮也（成公，晋文公庶子黑臀也。归者，自周归晋也。赵穿弑灵公，赵盾逆黑臀于周，立之。著曰之筮立成公也），遇乾之否，曰配而不终，君三出焉（乾君也，故曰配，配先君也。不终，子孙不终为君也。下变坤，有臣象。三爻，故三也。上乾天子也。五体不变，周天子国也。三爻有三变，故君三出于周）。一既往矣（谓成公往为君）。后之不知，其次必此（次成公而往必周子）。晋仍无道而鲜胄，其将失之矣（仍，数。鲜，寡。胄，后。厉公素行无道，公族后又寡少，将失国也）。必早善晋子，其当之也。顷公许诺。及厉公之乱（谓弑），召周子而立，是为悼公。

晋公子重耳筮得国

屯 ䷂　　豫 ䷏三爻变

晋语，秦伯（穆公）召公子（晋重耳）于楚，楚子（成王）厚币以送公子于秦。公子亲筮之，曰：尚有晋国（命筮之辞）。得贞屯悔豫，皆八也（震在屯为贞，在豫为悔。八谓震两阴爻，在贞悔皆不动，故曰皆八，谓爻无为也）。筮史占之，皆曰不吉（筮人掌三易，以连山、归藏占此二卦，皆言不吉。愚按曰皆八，使见用夏商二易）。闭而不通，爻无为也（震动遇坎险阻，则爻无所为也）。司空季子曰：吉。是在《周易》皆利建侯。不有晋国，以辅王室，安能建侯？我命筮曰尚有晋国，告我曰利建侯，得国之务也，吉孰大焉！震车也，坎水也，坤土也，屯厚也，豫乐也。车班内外，顺以训之（班遍也。屯内豫外，皆震。坤顺，屯豫皆有坤），泉原以资之（资，财。屯豫皆有艮。坎水在山为泉源，流而不竭），土厚而乐其实（屯豫皆有坤，故厚。豫为乐）。不有晋国，何以当之？震雷也，车也。坎劳也，水也，众也。主雷与车（内为主雷），而尚水与众，车有震武（车声隆，有威武），众顺文也。文武具，厚之至也。故曰屯。其繇曰：元亨利贞，勿用有攸往，利建侯。主震雷，长也，故曰元。众而顺，嘉也。内有震雷，故曰利贞。车上水下，必伯（车动而上，威也。水动而下，顺也。有威而众从，必伯）。小事不济，壅也。故曰勿用有攸往。一夫之行也（一夫，一索男象，行作足象）。众顺而有武威，故曰利建侯（复述上事）。坤母也，震长男也。母老子强，故曰豫。其繇曰：利建侯行师。居乐出威之谓也（居乐，母内。出威，震外。居乐，故利建侯。出威，故利行师）。得国之卦也。十月，惠公卒。十二月，秦伯纳公子。

晋大夫筮公子重耳归国

泰 ䷊六爻不变

晋语，秦伯纳公子，及河，董因迎公子于河（因，晋大夫，辛有之后。传曰辛有之二子，董之晋。故晋有董史）。公问焉，曰：吾其济乎？对曰：岁在大梁，将集天行。元年始受，实沈之星也（在大梁，谓鲁僖公二十三年，岁星在大梁之次也。集成也，行道也。言公将成天道也。公以辰出，晋祖唐叔所以封也。而参入，晋星也。元年谓文公即位之年。鲁僖二十四年，岁去大梁，在实沈之次。受于大梁也。自胃七度至毕十一度为大梁，自毕十三度至东井十五度为实沈）。实沈之墟，晋人所居，所以兴也（墟，次也。所居，居其年次所主祀也。传曰高辛氏有季子曰实沈，迁于大夏，主祀参，唐人是因。成王灭唐封叔虞。南有晋水，子燮改为晋侯，故参为晋星）。今君当之，无不济矣（当星在实沈墟）。君子行也，岁在大火，阏伯之星也，是谓大辰（鲁僖五年重耳奔，时岁在大火。大火，大辰也。传曰高辛氏有子曰阏伯，迁于商丘，祀大火）。辰以成善，后稷是相，唐叔以封（成善，谓辰为农祥，后稷所经纬，以成善道。相，视也。谓视农祥以成农事。封者，谓唐叔封时岁在大火）。瞽史记曰：嗣续其祖，如谷之滋，必有晋国。臣筮之，得泰之八（乾下坤上，泰。遇泰无动爻无同侯。三至五震为侯。阴爻不动，其数皆八，故云得泰之八，与贞屯悔豫皆八义同。愚谓此用夏商易断法也）。曰：是谓天地配享，小往大来（阳下阴升，故曰配享。小谓子圉。大谓文公）。今及之矣，何不济之有？且以辰出而参（愚谓参下当有入字)，皆晋祥也，而天之大纪也(所以大纪天时)。济且秉成，必霸诸侯。子孙赖之，君无惧矣。公子济河，怀公奔高梁(晋也)。壬寅，公入于晋师。甲辰，秦伯还(送于河而还)。丙午，入于曲沃。丁未，入于绛，即位于武宫。戊申，刺怀于高梁。

邵子易数卷之六

断易要诀

夫易弥纶天地，囊括古今，无微不入，无物不包，用之于占，已亦末矣。然易既云神而明之，存乎其人，则占也者，亦穷神知化之大者也。是以凡占一事，其事之隐显成败，在善易者观之，靡不卓卓然毕露于爻象之间，似无假乎断也。不假乎断而曰断者，特为有志斯道之士启其心思，广其识见，以试验与否也。夫易何假断也哉！今即试以断言之。如偶因一事占之，事前先观象玩辞，精细断之，详志于册，以尽吾之意见。及事后，或验或不验，复详细以思之，直觉此中之义蕴，爻象已尽示之，前之所断，其遗反多矣，故曰学易无常师，惟占之而自验之者，即其师也。如此学之，久而自纯，其应如响不难矣。然而有说焉，非得其要，则视愚人谈梦，相去几何，吾今也为之试言其要焉。盖洁净精微者，易之理也。全其道贯千古，以前民用者，旨惟易简而已。夫象以观物，爻以验事，辞以审吉凶，位以定久暂，此用易之体，非体易而用者也。[①] 如专执此以言易，此易之所以不验也。是何也？体用不明，不可言易，占不知时，不可言易。动爻为用，静爻为体。以用为主，以体为辅。互观参考，则其妙处自跃然于画中也。惟时亦然。故易于每卦，必云时用时义时乘者，即其证也。盖时者，圣人之权，万事万物之盈虚消长也。舍时以占易，则更无从验之矣。其时维何？非谓本日之时也，乃四季五行之时也。夫四季五行，迭运无穷，生旺休囚，屡变有象，以时与动，穷万事万物之理，推万事万物之数，大而天地，幽而鬼神，凡在形气之中，难逃理数之外，况人与物，又其显焉者也。然非本邵氏先天之说，则不能得自然之理，与一定之数。易曰：易简而天下之理得矣。正谓此矣。

---

① 〔眉批〕如太极生两仪，太极体也，两仪用也。两仪生四象，四象用也，两仪体也。推而至六十四卦三百八十四爻皆如此也。

占 验

凡用元会运世数者皆未载

道光元年七月，瘟疫大行。二十五日清晨，有一老人求占得遁卦，初爻词曰遁尾厉。予问所占何事，伊曰即问此瘟疫当如何。予以互变词象反复观之，不得其解。其老人曰：公之所占，无可疑也。是之极矣。因是，予知老人非常人也，遂求之解。伊曰：善兵者山河草木皆吾之精锐，如仅以兵为兵，则孤军之势危矣。善文者前后左右皆题之材用，如仅以题为题，则枯肠之搜惨矣。卦亦如之。夫天山遁，中爻互姤，变同人，其解正未艾也。艮土变离火，艮上生乾金，为泄气下受火生，固不为不美。第天已立秋数日，此离火已曾生土，泄气而又克秋金，为犯岁。况位在地爻，土热时瘟，不待言矣。艮七离三，离为日，尾字尸头，毛字千头，厉字万在其中，知自今至二十七日，艮之明七，与变离之暗三，此三日瘟疫必重，死者成千累万。此遁为死，何也？六月遁卦，今七月，遁已无气，何生之有？至八日稍缓，互姤上天下风，巽五离三，七月小建至八月初二日必有西北风，微雨，以解之。予闻其言，颇似予师，知其必验。夫占卦与作文无异，理正者气必足，所言无不中肯矣。伊遂自述所从来而去。及八月二日，雨止风息，往而拜之，其地居民有知之者曰，其人久不在此矣。予怃然，久之乃还（此以词字与象数断）。

予妹丈兄德公宜选知府，时二月，伊以为此月可得，求予占之，遇既济五，爻词曰：东邻杀牛，不如西邻之禴祭，实受其福。先天坎西离东，坎变坤为牛，离为杀，坎为祭祀，坎为可，坤为得，坎为福泽，坤为收受。二月卯月占之则知得必在酉月矣。京都之邻省，东则山东，西则山西。坎水变坤土，至未月则下卦离火生土，坎水克离，则动必矣。然而既济互未济，必不成。至六月，伊果选山东，因亲回避，待至八月，始选山西泽州府。皆验（此卦占时月分断定，可见易简之说自不诬也）。

一人在夏至前遣人，不告姓名，仅曰现有缺，不知谁升。求占得升之上六，词曰：冥升。予曰：惟阝傍王字人升。然不能善其全。伊曰：吾父非此姓名，可升否？予曰：此占最凶，非此姓名者，休言不能升，即外出，必不能返。后五日，有称那王公者升霸昌道。次日，旧淮关德公来曰：我前遣人来。公曰：阝傍王字，从何说起？予曰：坤为后，爻位高，亦为王字。现夏令火旺，生土为王必矣。左阝同阜，右阝同邑，皆土宫也。则那字王字不为奇也。后德公随围死于德庆州，那公因公降级，皆验。次年，那大人子为其父占得此卦，亦随围死（此依词加时位断）。

吾友郑公因公外出，其少子死，予往弔之，其女亦病，几死，求予占之，得比五，爻词曰：显比，王用三驱，失前禽，邑人不诫，吉。比中爻互剥，时当仲春，木泄水气，变重坤二土，制一坎水，几无命矣。但前已死一子，失前禽也，此则爻吉必吉，虽危无妨。况为一阳统众阴而变又吉之爻也。然非三王姓人来不能救，何也？坎反离，离三也，变坤，五爻君位，姓王必矣。互剥，五爻又吉，而病又喜剥也。其人来必在七日内。剥艮象七数。后一王姓荐一王姓医生，同来者又姓王。坎为饮食，一服药即愈，皆验（依爻位变互词断）。

予友龚姓为其姐丈病，求占之，得贲五，爻词曰：不可救矣。词曰，贲于丘园。贲字加土，即坟字。丘园又兆域也。贲而请之，谁能救之？更可惜者，束帛戋戋，恐敛赙不办也。后不数日，亡，果一切不办，皆验（此依辞字断）。

予幼学易数，素不好占。嘉庆年间，予恩师翻译举人，姓傅讳安隶，名重当时，学传后世。及卒之日，时值隆冬，吾师之弟命予占穴，得未济四，爻词曰：震用伐鬼方，三年有赏于大国。予曰：此穴不堪用，内有尸骨，其数必三，坎得气为穴，不得气为尸骨。今时方冬，水旺，宜为佳穴。但上卦离火，四爻动上成艮象，中互成震象。艮土克坎水，震木泄坎水，离为目为见，势必至见。此三尸骨也。伊不悦。明日延悦和尚高弟湖北人王和尚同予往视之，僧曰：

此穴甚佳。一经僧人之目，此穴中必空空一无所有，信之，遂开此穴，遇尸骨三。复问之僧人，彼又曰：尸骨乃污秽之物，久不入僧人之极净眼也。其佞口至此，尚何言哉！自此后，寻予求占者日众，势竟不能阻矣（此依卦象断）。

予友邓公求占月令得离三，爻词曰：不鼓缶而歌，则大耋之嗟凶。予曰：九日内恐丧妻。伊惶然，急回家，妻却无恙。至六日，病泻。九日，死。后尚膳正李公占此，九日妻暴卒，盖离数三，重则六，三三则九矣（此包后世典，依本卦数断）。

予友人同占考试，翻译进士，得井三，爻词曰：王明并受其福。予曰：如云大人、庚大人作主考，必中。后二人果作主考，皆中。盖云布润也，庚音明也（此依清语断，可见易无不包也）。

予门人汪姓，伊祖母微疾，伊父与伊叔父弟兄三人为母在书房待医生。钱嵩求予占之，予曰：吾早占矣。今日虽无甚疾，然十一日后却恐丝毫指望无有。三人曰：料老太太无妨。予曰：无妨甚妙。至期，清晨遣仆来占。予谓其仆曰：汝速回告尔主人，自然明白。说我未初至，及予至，少顷死矣。予前代占得涣卦五爻。涣为精神涣散，变蒙五爻是将转为童蒙也。巽五数，坎六数，是十一日。占时十一月初三日未时。十一日是十一月十三日。巽纳乙庚丑未时日，知至十三日未时则难救矣（此依卦爻辞，即所谓易简者也）。

八专卦犯岁论

凡占犯岁卦，其势之来也，皆若凶甚，及其去也，亦甚易。《易》曰利用祭祀，或有取耳。然遇癸亥之年月日，与尽头之月日，多不验。前哲依利用之利字作为禳法，取生克之理，以合利用。予尝试之，亦颇有验。其式详开于后。

犯岁如春得纯金乾兑卦，夏得纯水坎卦，秋得纯火离卦，冬得纯土坤艮卦，四季得纯木震巽卦是也。一老妇病儿死，其子求占之，春令得纯金乾卦，四爻金克本令之木，是为犯岁。予曰：遇此等卦，禳之可也。① 势虽危，或可救。如占乾之用九、坤之用六，刚尽变柔，用九不用上之亢，柔尽变刚，用六不用上之战是也。此圣人教人避亢龙之悔、战野之伤，即与禳同。而禳者，实罪己以挽天心也。

式用净木六分厚（坎生木，六数，故六分），一寸宽（坎又一数，故一寸），六寸长，上用墨笔书东方甲乙之神位，用净土拌湿盛碗内，置木（取木克土义）。公为亲子，当于正子时置屋内正北方净桌上，供净水

---

① 〔眉批〕六十四卦皆可用九用六，不止乾坤。

一碗，焚香一炷（坎一数），默祝曰：弟子某为母痛谢罪，东方甲乙之神（一遍坎数），如此祭六夜，即愈。愈后将木牌位移于净屋中，每日上香一炷，祭百日，病人大愈。再于本院内正北挖一尺深、六寸宽、一尺长坑一个。令病人亲致祭毕，将木牌埋之坑内，勿再动。其子依言祭之，果愈。后又活十一年而亡。

式

尺寸各取生本令义

春木牌　祭品水

夏木牌　祭品果品

秋木牌　祭品麦物

冬铜牌　祭品五金皆可

四季木牌朱书　祭品赤色物

凡遇此等，卦验者甚多。祭品祝辞拜礼瘵埋宜皆敬依方位数目行之，以取生气，即《易》所谓利用祭祀之义也。

卦忌

兵忌涣遁履复。病忌涣萃贲旅遁履复归妹益。老人病忌泰既济。事忌解涣屯蹇睽。走失忌坤。[1]

---

[1] 〔眉批〕坤为迷。

爻忌

官（文武），小吏忌（乾革）五。病忌贲五、观四、升六、豫六、师三、泰初二、履六、益五。少者忌师五。走失忌复六。

卦喜

病喜革损解乾。讼喜涣解。事喜既济益萃。占官与谋食，最喜颐。

爻喜

官喜损五、益二，名姓中有寿龄仁山椿字尤利。病喜豫五。设账喜蒙五。兵喜师二。乡会喜屯三。

如此之类，不一而足，姑书此数卦，以揭其隐。

有心者推而广之，如能见每卦每爻各有所喜，各有所忌，会而通之，神而明之，则天地自然之易，与吾心自然之易，寂然不动，感而遂通，不难矣。

六甲

予师未授，但曰卦有定议，不必以爻位阴阳断之也。予揣摹三十年，果然。因而将看小儿天花法附此。

夫天地间最足以证占验之得失，除阴晴风雨之外，惟六甲为真。如阴爻多无雨，阳爻多有雨。后世只知京房驳论，剥者山与天通，为有雨之说。曰山地剥，土多无雨，果晴。人多以为奇。此皆不善于读《易》者也。[①] 乾不云乎云行雨施，是阳卦有雨之明征也。而易数旧论，以乾为晴明者谬极。譬之以一卦占一日之阴阳，一爻管二时，见阴爻结离象者必晴，结巽象者必风之类是也。惟六甲亦然。旧论阳爻阳位为男诸说，与夫他书七七四十九之歌，可笑极者矣。夫六甲在天机为秘密，在占验为实证，与占地内之事同。先圣明言，而后人不觉，妄为之解，致使乾道成男，坤道成女，显而易见之理不明于天下后世。又其甚者，致将易知简能之旨，混入佛老之言，抑知十二

① 〔眉批〕因此一言皆可得。

辟卦自复至乾皆阳卦，[1] 阳卦男也，自姤至坤皆阴卦，阴卦女也，未济男之穷，既济男之终，晋昼睽外，大过大畜皆男也，渐女待男行，归妹女之终，[2] 明夷夜，家人内，小过小畜皆女也。以此理此数占之，六十四卦，皆一反一正。一反一正，即一阴一阳也。一阴一阳，即一男一女也。明证在目，何必猜疑？至于未生之前定其寿夭穷通，形貌颜色，手足纹字，发毛皮肤，细细从卦之动爻反正观之，揆之以时，合之以位，参之以互，察之以遇，通之以变，必穷神知化，以至丝毫不疑，然后断之，以求其无差而后已，则可也。

小儿天花验附录

婴儿天花一事，毫与易数无涉。因予先人素好风鉴，兼善相马，尝以此示予，文字无多，难成一书，姑寄诸此编以防庸医之误治者。天花上中下三品为顺逆险。婴儿之气色，预告之矣。[3] 有生来即有者，有前几月长者，有前数十日长者，万无一失，直若生者生，死者死，造物早志之矣。无如人视而不见，何哉？语及此，适予友在侧，止之曰：万不可以此书之

---

① 〔眉批〕从未有人说出。

② 〔眉批〕阳大阴小。

③ 〔眉批〕未有无气色而即犯天花者。如无气色而即犯天花，亦有生者。

于册，宜谨防庸医又藉此以夸奇而害人也。予曰：不然。善由人作，恶亦人为。天不能禁恶人而使之不生，予岂能禁庸医而使之不恶？今试述之。[①] 上品气色在天庭，或生来有，或前数月长天庭上，有若蚊虫咬成红点者，或三五点，或十数点，忽有忽无。犯天花时多不过二三十粒，少七八粒，极上品也。次者天庭中宫有直上红气一条，若连若断，忽有忽无。犯天花时，多不过百粒，少七八十粒。又次者自两眉头各若赭石画一条，忽有忽无。犯天花时，虽富无妨。以上三品，即上上、上中、上下也，万无一死。[②] 中品山根青，黑如湿灰者死，虽青而不黑者，十生八九，青少而有光者生，来年疹疖必多，亦无妨，或十伤一二，此中品之上中下也。至若下品，或两耳前鬓角下有若指肚，按之淡黄印者，犯天花时不过五七日死。印堂有赤色，或九日十一日死。睛若鱼目神定而不动者，亦不过六七日死。以上下三品，百无一生。盖耳前为命门属肾，小儿之肾因袴无裆，多受寒凉，贼风每致肾绝。印堂，心经部位也。或素娇养多热。若鱼目者，肾肺两绝也。事前看出，宜急延名医先治此症，此愈然后再治天花不晚。若此医法幼幼之书亦必

---

① 〔眉批〕此真同天眼慧眼也。相书仅有天庭气吉一语，不知此从何处得来。

② 〔眉批〕医书无此，岐黄家不必妄论，遵之可也。

有之。切勿因势急误延号娘娘某、号大剂某等之恶习甚者。即如号大剂者，吾见其用药，动皆一剂四五斤，或七八斤不等，煎得时或二三十碗，或十数碗之多。休言幼子难服，即大人亦难尽饮。予友闻而乐之，遂口占曰：世上痴人总不知，误延大剂害佳儿。冤哉大剂伤无几，小剂谁非大剂师。予曰妙妙。

定缓急说

易数所论缓急俱失当，系词曰，初与四皆平。可知初与四皆平缓。二与五皆中，三与六皆急。如占得六爻，吉凶已定，数不能逃。当知六爻独急，惟小过、明夷、复此三卦初爻急。如占人物之成败生死，夏月得坎之六爻，为数尽气尽，不可救。夏月得离六爻，为数尽气不尽，虽危无妨，尚有可救之路。以此类推皆可得也。

定日期说

远以年论，近以月日时论。每遇一卦[①]，必先观其一动爻之位，与五行生克，用九因法，合内外卦数，加以纳甲之例定之，则日期可得矣（纳甲即甲己子午九乾，乙庚丑未八震巽，丙辛寅申七离，丁壬卯酉六坎，戊癸辰戌五艮十坤，巳亥单纳四兑，试之颇验）。

学易要诀

读易当知彖系爻象之词皆从画中出，直若无一闲字。即爻象易见者，言之若今之破题承题一般。前圣每爻从画中看出无尽之意，作出佳文。今人浑囵读之，其病小，而入于论理一途，如黑夜入幽室，久之本性皆昏，其病大。夫如是，究何道之从也？其要处

① 〔眉批〕卦数宜用先天。

全在《系辞》一卷，以细心熟读，有不得所据处，参观《来注》，以开心思。程朱之理，万不可少，而邵氏之论，尤不可不旁搜遍览也。引而伸之，触类而长之，此二语已尽妙谛。要之六十四卦三百八十四爻，无一卦一爻专言何事者。即如师以言兵，噬嗑以言贸易，及引伸触类之，余三百八十四爻，皆可言兵，亦皆可言贸易也。况古之系辞者不下百余家，即如《焦氏易林》每一卦系六十四卦，杨元卫包潜虚洞极亦各有其辞，其法各从画中看出精义而为者也。岂妄作哉！有心者从此学之，久而有得，始谓予言不诬矣。

元会运世论

夫元会运世之说，乃邵氏得先天之传而创者也。皆本十二辟卦，分来以统十二万九千六百年之数。其间因革损益，治乱得失，以前征后，以后考前，了如指掌。数以十二合三十，三十统十二。与天地年月日时合以自然，不假安排。故以一日之数，可推十二会，以十二会之数，可观一日。其道至易，其法至简，从未闻有。所谓以卦爻加数算之得千百十零为元会运世者，此必嗜好邵氏书，别有心得，而作此名为易数者也。观其所本，乃积先天策数以当万物之数，故又名曰万物数。其于每爻各分元会运世，实非邵子之所谓元会运世也。然其法不离先天，而万事万物非数无以知来，虽皇极中之支流余裔，其占事也，靡不泛应曲当。今人易于捉摸，真可谓以前民用者也。有心者依事为图，凡占一卦，即始彻终，使之一目了然，久之心有所得，则遇事前知不难矣。

增补详注六爻一撮金易数

〔宋〕邵　雍　著

〔明〕刘　基　注

增补详注

六爻一撮金易数

序

《邵康节先生一撮金易数》，人珍秘枕，家奉蓍龟，奥义微言，随响而应，其源盖本于希夷先生《河洛理数》三百八十四章之词也。夫《河洛》一书，阐先圣不传之秘，发羲画精微之旨，洋洋浩浩，泄人生一世之先机，可谓广博而渊深矣。邵子以人未易窥测其妙，独取其爻意，参以己意，指人之迷，以资占卜。任取二字之画以数策，其内外之象卦既成，复求一字之画以策其爻辞而玩其占，令学者以至浅而测其至深之理，以至简而求其至验之详。惜后人不明二字之外复求一字以占爻，遂只以二字成卦，仍以二字取爻，不知二字之数单则俱单，而双则俱双。卦成而爻随之，一定而不可移。故一卦只有三爻，奇则无耦，耦则无奇，而六爻不备矣。后人又因其定数，遂弃其半，只用一百九十二爻以行世。殊不明易有六爻，而遗其半，非所以为易也。无怪乎有验有不验者，乌得为全书哉！奎壁主人偶得刘诚意家藏先世秘本，备载三百八十四爻之辞，取之随事而占，其应如响。其法无难，但成卦之后，二字不用，再求一字以策之，则爻全象备而无不验矣。由此观之，则三先生之留心民事，指示稽疑，而预参休咎，使人知贞悔之正，趋避之宜，不外乎大易之全体，其淑世之功岂浅鲜哉！

时　康熙壬戌春月望日瑯琊王相晋升甫识

占 例

凡占事者，随意先喝二字，计其笔画，以八除算。看卦，先一字为内卦。内卦者，下卦也。后一字为外卦。外卦者，上卦也。总看六十四卦中为何卦。

一乾天　　二兑泽　　三离火　　四震雷

五巽风　　六坎水　　七艮山　　八坤地

如字一画为乾天，二画为兑泽，八画为坤地。若九画复为乾天，十画复为兑泽，十六画复为坤地，十七画又为乾起。再喝一字，计其笔画，以六除算。看爻，如字一画为初爻，二画为二爻，六画为六爻。若七画复为初爻，十二画复为六爻，十三画又为初爻。大率看卦以八除算，看爻以六除算，周而复始，自无差误。

卦 序

一	**乾**为天	天泽履	天火同人	天雷无妄
	天风姤	天水讼	天山遁	天地否
二	**兑**为泽	泽天夬	泽火革	泽雷随
	泽风大过	泽水困	泽山咸	泽地萃
三	**离**为火	火天大有	火泽睽	火雷噬嗑
	火风鼎	火水未济	火山旅	火地晋
四	**震**为雷	雷天大壮	雷泽归妹	雷火丰
	雷风恒	雷水解	雷山小过	雷地豫
五	**巽**为风	风天小畜	风泽中孚	风火家人
	风雷益	风水涣	风山渐	风地观

六	**坎**为水	水天需	水泽节	水火既济
	水雷屯	水风井	水山蹇	水地比
七	**艮**为山	山天大畜	山泽损	山火贲
	山雷颐	山风蛊	山水蒙	山地剥
八	**坤**为地	地天泰	地泽临	地火明夷
	地雷复	地风升	地水师	地山谦

☰乾为天

初爻：佳谋密用且潜藏，阳气方生运未强。
直待龙蛇兴变日，高攀仙桂始荣昌。
玉种蓝田，珠产深渊。潜龙一起，直上青天。

二爻：得意宜逢贵，前程去有缘。
利名终有望，三五月团圆。
仕途求谋，财喜重重。文书印绶，步广寒宫。

三爻：何须晓夜忧，转眼笑盈眸。
声名终遇合，目下暂淹留。
崎岖历尽，振动四方。风云际会，得遇明良。

四爻：欲行还止，徘徊不已。
藏玉怀珠，片帆千里。
财旺生官，必假陶镕。凡事心勤，福禄无穷。

五爻：变化升腾日，祥云绕足飞。
九天施雨露，万里尽光辉。
飞龙在天，利见大人。青云接足，振耳声名。

六爻：心戚戚，口啾啾。
一番思虑一番忧，说了休时又不休。
犹豫不决，阴人持家。姻缘子息，虽好难夸。

☱天泽履

初爻： 不远不近，似易似难。
等闲入手，云中笑看。

对面千里，间隔数重。不意而成，相生合荣。

二爻： 月落事未完，物见人不见。
好借一帆风，奇哉真快便。

几番风雨，空惹人愁。浪静波平，顺水行舟。

三爻： 桃李谢春风，西去又复东。
家中无意绪，船在浪涛中。

君虽守旧，改图而泰。迍邅反复，定损家财。

四爻： 前忧后，后忧前。
彼此意留连，人圆月也圆。

进退维艰，忧疑反复。云散月明，且歌新曲。

五爻： 狂风吹起黑云飞，月在天心遮不得。
时闲无事暂相关，到底依然无刻剥。

小人当道，君子端然。嫉妒行藏，仰赖神天。

六爻： 古镜重磨扫旧尘，梅花先报陇头春。
天边贵客相携引，他日声名播九重。

处心中正，立志坚贞。蟾宫折桂，宴饮琼林。

䷌天火同人

初爻：久否终能济，时间离恨消。

利名多得意，进步上青霄。

阳春一转，否极泰来。笙歌鼎沸，簇拥瑶台。

二爻：心和同，事和同。

门外好施功，交加事有终。

三合六合，谋望亨通。庶人皆吉，喜就身荣。

三爻：伏兵林内久，三岁不能兴。

静守无他恙，妄行不免惊。

乘势攻人，少吉多凶。但能谦守，吉庆相逢。

四爻：意孜孜，心戚戚。

要平安，防出入。

思过忧生，内外难同。进退萦绊，交之必凶。

五爻：悲一番，笑一番。

相战又相观，其中事却欢。

先忧后喜，先难后易。两两和同，必得奇遇。

六爻：一水绕一水，一山绕一山。

水尽山穷处，名利不为难。

修真学道，只要心坚。如登万仞，希圣希贤。

䷘天雷无妄

初爻： 事相扶，在半途。

翻覆终可免，风波一点无。

累岁奔波，今入道路。贵人指引，早贫暮富。

二爻： 本无期望志，所得出无心。

攸往皆多利，相将遇好人。

心无妄念，自有盈余。得遇贵人，荐引吹嘘。

三爻： 浅水起风波，平地生荆棘。

言语虚参商，犹恐无端的。

同席连戈，水底捞针。绣口狼心，随谬深沉。

四爻： 德广位犹谦，且尽君亲道。

静听好消息，自有佳音报。

琢磨成器，志定心坚。中秋皓月，光射九天。

五爻： 喜、喜、喜，春风生桃李。

不用强忧煎，明月人千里。

兰桂芬芳，浪暖三奇。红白天然，南北两地。

六爻： 妄动谋为不必提，只宜守旧更操持。

恰如一朵月中桂，花开正值岁寒时。

只宜操守，不可妄为。欲求名利，且待春雷。

䷫天风姤

初爻：若言羸壮豕，居卑却上尊。

往凶宜莫进，退步是生门。

君子道消，小人道长。守静则吉，不利攸往。

二爻：欲济未济，欲求强求。

心无一定，一车两头。

意思欠诚，戒贪反得。双辔奚骑，牵挂有失。

三爻：前进足次且，提防小厉吁。

虽危无大咎，止步是安居。

欲行且止，擅动有灾。退身静守，喜笑言开。

四爻：居下当亲上，人心易散离。

事机终失一，万虑总成虚。

忠君孝亲，积善天锡。第方寸间，别生弗益。

五爻：中正居尊理合宜，以杞包瓜象所施。

若能守正相逢遇，猴兔牛蛇会有期。

以尊接下，附己招延。守其中正，乐以忘年。

六爻：见不见，需防人背面。

遇不遇，到底无凭据。

斟斟酌酌，暗矢难却。缄缄密密，全没下落。

䷅天水讼

初爻：嘹呖征鸿独出群，高飞羽翼更斜分。

云程正壮堪图进，好个名声处处闻。

官对万户，明伦序爵。赤心正直，常享安乐。

二爻：事不足，防反覆。

月落寒江，一荣一辱。

上下皆怨，时理未明。只宜退让，方免灾迍。

三爻：贵人相逢便可期，庭前枯木凤来仪。

好将短事求长事，休听旁人说是非。

福星照临，瑞产灵芝。近悦远来，谨慎便宜。

四爻：风吹云散月华明，枯木开花满户庭。

旧恨新愁俱撇下，须知从此复安荣。

好事重新，贞吉有余。优游自在，快乐安居。

五爻：檐前鹊噪正翩翩，忧虑全消喜自然。

一人进了一人退，下梢终有好姻缘。

好鸟飞鸣，笑傲优游。亲贤乐士，正是良谋。

六爻：有锡不须欢，时当隐遁安。

困来宜择避，枯木耐严寒。

得之莫夸，藏之为志。松柏青青，岁寒如是。

䷠天山遁

初爻： 遁者宜恬退，阴阳迭盛衰。
晦藏能静守，方可免危灾。

路途艰险，难以提防。欲免灾迍，迹敛形藏。

二爻： 兀兀尘埃久待时，幽窗静处有谁知。
若逢青紫人相引，财利功名自可期。

青灯黄卷，韬读书囊。雁塔标名，士庶沾香。

三爻： 遁疾须防厉，非阴小事坚。
壮心谋大计，歧路要音传。

进退两难，都缘意悭。妒花风雨，月暗云间。

四爻： 一得一虑，退后欲先。
路通大道，心自安然。

德本财末，知静能定。涉川涉野，如登坦平。

五爻： 正值宜嘉遁，时和世吉昌。
宝中金玉出，瑞兆应祯祥。

三星应瑞，百福骈臻。时和岁稔，人寿年丰。

六爻： 一番桃李一番新，谁识阳和气象新。
林下水边多活计，见山了了称人心。

花木森森，九曲源头。万物春回，旋乾洪钧。

䷋天地否

初爻： 相引更相牵，殷勤喜自然。

施为无不利，愁事转团圆。

天神一指，竟入希夷。高厚任寰，四海相知。

二爻： 独泛孤舟出翠微，花边钓处白鱼肥。

就中无限烟波景，钓罢金鳞满载归。

白萍红蓼，满目烟霞。卧游江海，醉倚浮槎。

三爻： 无踪又无迹，远近终难觅。

平地起风云，似笑还成泣。

梦幻泡影，少得多失。不则灾殃，只身孤立。

四爻： 失实谩高飞，宾鸿去未归。

山前一子立，信是好施为。

君子宜防，小人侵害。如若不戒，其祸将大。

五爻： 身不安，心不安。

动静两三番，终期事必欢。

三纲未全，条目自警。浩然超群，得遂生平。

六爻： 泰极将成否，人心不顺从。

未宜有施用，虽正亦为凶。

否极泰来，泰极成否。天运循环，自然之理。

☱兑为泽

初爻： 去就无牵制，从容得意时。
上交和且悦，吉庆更何疑。

两两和同，一举成功。休疑休虑，风虎云龙。

二爻： 玉出昆冈石，舟离古渡滩。
行藏终有望，用舍不为难。

白璧非宝，更者两辞。红粉古剑，佳人烈士。

三爻： 思虑多，心事难。
驾危舟，过险滩。

心中扰攘，意乱神迷。道路艰险，慎保无虞。

四爻： 难难难，忽然平地起波澜。
易易易，谈笑平常终有忌。

纸尽墨干，书者更难。道义势利，舔舐则惮。

五爻： 一堆草里蛙鸣鼓，三犬巢边夜吠家。
剥历有时终解散，一轮明月照丹霞。

亲信小人，反疏君子。尤当警戒，以保终始。

六爻： 乐之极矣悲将至，巽兑分明吉与凶。
未能光大终幽暗，日落西山返照中。

喜怒哀乐，祸福明知。花间酒底，退步为奇。

䷪泽天夬

初爻：神黯黯，意悠悠。

收却线，莫下钩。

情惨意淡，不可勉强。衣禄改图，三竿日上。

二爻：浪内萍无定，山前木叶凋。

孤舟烟火静，惟见鹤冲霄。

心中恍惚，意乱神疲。潜身静守，飞鸟忘机。

三爻：虎伏在前途，行人莫乱呼。

路旁须仔细，灾祸自然无。

三人为患，休从不善。叮咛谨慎，损益须潜。

四爻：意踌躕，心恍惚。

云散月明，且歌新曲。

欲进不进，犹豫不决。侧耳潜听，阳春白雪。

五爻：所事纵云难，平地起波澜。

笑谈终有忌，事回心觉宽。

但为其作，知心而托。提防三寸，先忧后乐。

六爻：千里共徘徊，休倾别后杯。

暮天人影散，迟日照松梅。

进德修业，君子道长。以刚决柔，小人凶也。

䷰泽火革

初爻：意迷情不迷，事宽心不宽。
要知端的事，犹隔两重山。

家人难和，姻缘在天。恋贪密勿，咫尺完然。

二爻：改革宜从缓，非宜遽变更。
前程无阻滞，吉庆保元亨。

徐徐缓缓，革故鼎新。光前裕后，誉播声名。

三爻：道路迢遥，门庭闭塞。
雾拥未分，云开见日。

门关户闭，半掩柴扉。风清月朗，物换星移。

四爻：改故始知新，更新事且宜。
东风传信息，春色上花枝。

利害纷纷，施为变更。一阳动后，百事皆亨。

五爻：虎变高山别有期，贵人目下尚狐疑。
雁来嘹呖黄花发，此际声名达帝畿。

革故鼎新，改换待时。专听秋声，名利皆宜。

六爻：君子更新日，他人亦面从。
但宜居正吉，征治反为凶。

革终须变，君子端平。楼头雁过，只影孤鸣。

䷐泽雷随

初爻：欲渡江心阔，波清水自流。

前行风浪静，始可钓鳌头。

利涉大川，波平如掌。进步有功，帆轻潮长。

二爻：一事已成空，一事还成喜。

若遇口边人，心下堪凭委。

金珠落水，得宜其佳。相生相合，可托无差。

三爻：舍一人，就一人。

求谋有望，贵客相亲。

得失休嫌，有求必获。贵人指荐，黄金满屋。

四爻：鱼上钩，丝纶弱。

收拾难，力再著。

学贯天人，经纬未施。功加百倍，直上云梯。

五爻：爵禄加临吉有孚，震惊百里笑声呼。

月边自有人推毂，指日登坛手握符。

五居中正，上下孚诚。祯祥吉庆，福禄骈臻。

六爻：可蓄可储，片玉寸珠。

停停稳稳，前遇良图。

耒耜多粟，教子著珍。行程著定，凡事皆殷。

䷛泽风大过

初爻： 心有余，力不足。

倚仗春风，一歌一曲。

足志多谋，奈何无云。东风借力，谈笑光荣。

二爻： 满目好风光，红花又更香。

蟠桃三结子，一子熟非常。

花发根生，上下皆荣。婚姻子息，昼锦恩隆。

三爻： 荆棘生平地，风波起四方。

倚阑惆怅望，无语对斜阳。

宿渭野蔓，舟陆有阻。以静待动，免得消疏。

四爻： 凡事有迟速，逢龙是变乡。

月下相照户，自有好商量。

春花秋月，各有其时。盈虚消息，静里方知。

五爻： 一人两事，一人两心。

新花枯树，须待交春。

恍恍惚惚，各逞精神。老蚌无珠，再理横琴。

六爻： 水边忧，山下愁。

要平安，休往游。

不利于涉，恐有惊涛。安居静守，快乐逍遥。

䷮泽水困

初爻：困于株木，入于幽谷。

居暗之甚，三岁不觌。

心神不定，踌躕反复。云散月明，花藏深谷。

二爻：足不安，心不安。

两两事相得，忧来却又欢。

劳劳碌碌，安分无辱。重重得意，然后发福。

三爻：据困当谦下，乘刚更强为。

治家难保守，名辱且身危。

既困于石，据于蒺藜。妻犹不见，不祥可知。

四爻：目下志难舒，有客来徐徐。

金车难历险，吝必有终欤。

眼前守拙，长者频呼。满而不稳，坚固自余。

五爻：上劓而下刖，何当困益深。

若能恭祭祀，福庆自然臻。

用刚制柔，求益反损。同德相资，名扬财稳。

六爻：缺月恐难圆，残花不再鲜。

苦求名与利，到处遇迍邅。

凋零门户，谋望休图。直待阳春，祈福神助。

䷞泽山咸

初爻：意在关中信未来，故人千里自徘徊。
天边雁传书讯至，一点梅花喜色回。
切切思思，两地呻吟。陇头折枝，音信上林。

二爻：不宜轻易动，妄躁反为凶。
守静当安分，居然吉庆隆。
安居则吉，妄动则凶。闲中安分，有始有终。

三爻：休道事无成，其中进退多。
桂轮圆又缺，光景更揩磨。
休认作真，恐是虚言。满则必溢，须得从前。

四爻：慎始初交日，感志在于勤。
贞正能坚固，忠诚久自明。
一动一静，一出一入。秋月春花，光彩焕馥。

五爻：事了物未了，人圆物未圆。
要知端的信，月影上阑干。
财动牵连，终朝淹延。若要安痊，白日青天。

六爻：有似无，无似有。
每劳心，闲费口。
多言招辱，图事难成。劳心劳力，久始安宁。

䷬泽地萃

初爻： 细雨满桃腮，离情莫恨猜。
东风须著意，花落又花开。

一人两心，一事两头。得人指点，信步登楼。

二爻： 叹中生不足，内外见愁哭。
云散月当空，转祸当成福。

半途之艰，啾唧之灾。玉兔生花，普照苜蓿。

三爻： 上下皆相应，中心自叹嗟。
攸往无小吝，无咎亦无差。

上下和同，来往匆匆。无灾无吝，百事从容。

四爻： 言语参商，波涛鼎沸。
事久无伤，时间不利。

卯东酉西，镬汤浪急。鬼祟临身，祈保脱体。

五爻： 月已圆，花再发。
事休休，无合杀。

缺月重圆，花开又鲜。事情未了，到底缠绵。

六爻： 事中应有忌，路险风波易。
欲往且迟迟，称心须得势。

迅雷暴电，飞砂走石。忡没福生，敢仗遮庇。

☲离为火

初爻：风动水生波，关心事若何。
错然履无咎，敬戒致天和。

旭日东升，焕彩光明。万方普照，共享升平。

二爻：谋已定，事何忧。
明月上重楼，云中客点头。

长久之计，贵乎良善。碧翁降祥，听乎数言。

三爻：日中须有昃，盛满必防亏。
大耋嗟凶吝，风波小艇危。

盛极必衰，否极泰来。小心谨慎，方免凶灾。

四爻：遇不遇，逢不逢。
月沉水底，人在梦中。

踏破芒鞋，未际明时。兔坠乌啼，觉来如是。

五爻：涕泣湘江水，还惊一水灾。
女人挥帽笠，回首又花开。

嗟叹不已，先忧后喜。满树花开，坐听绿倚。

六爻：诛戮中邦利出征，一朝获丑在王庭。
凤衔丹诏归阳畔，得享佳名四海荣。

壮猷统兵，出新号令。讨殄匈奴，奏凯升平。

䷍火天大有

初爻：富贵易骄盈，当存敬畏心。
艰难常在念，灾祸永无侵。

自满招损，惟谦受益。忠正常存，神明助力。

二爻：一重水，一重山。
风波道坦然，壶中别有天。

北川东海，汉岭秦关。众星朝拱，日月循环。

三爻：偏宜君子道，进步与求名。
用享于天子，不利于小人。

求名逐利，君子相宜。前程远大，寿享期颐。

四爻：遇险不为忧，风波何足惧。
若遇草头人，咫尺天涯路。

平路若惧，涉江如步。学海文渊，风送皇都。

五爻：整肃威如吉，孚交内外和。
德因良辅弼，瑞兆福星多。

上下相济，中心符合。刚柔得体，国祚风和。

六爻：奇、奇、奇，地利与天时。
灯花传信后，动静总相宜。

三才之内，为人最贵。佳兆元神，助我而为。

䷥火泽睽

初爻：上下分，忧愁决。
千嶂云，一轮月。
君正臣忠，父爱子贤。一色澄清，万鬼鲜妍。

二爻：舍一处，就一处。
事要委曲自然成，时间目下两分明。
一得一失，中多委曲。反复周旋，方能成局。

三爻：鼎沸风波，孤舟渡河。
巧中藏拙，人事蹉跎。
滔滔白浪，稳坐渔船。半帆把舵，皆登彼岸。

四爻：独立虽无援，欣然遇故知。
云中佳信至，不必再狐疑。
独自徘徊，性情反复。一见佳音，心称意足。

五爻：船棹中流急，春花一去迟。
事宁心不静，不必再狐疑。
浮屠难抵，惜汝起早。徐疾徒然，空致烦恼。

六爻：恐惧正忧惊，虚空霹雳声。
须臾风雨过，皓月出层云。
旱苗遇雨，忧虑全消。风声鹤唳，静听松涛。

䷔火雷噬嗑

初爻：人倚楼，诒多愁。
坦然进步，事始无愁。

无语凭阑，遥观万里。行踏实地，百事可宜。

二爻：进亦难兮退亦难，登车上马且盘桓。
他时若得风云便，稳泛扁舟任往还。

举步多艰，利名未达。坐待春雷，飞腾奋发。

三爻：暗中防霹雳，猜忌浑无寔。
转眼黑云收，拥出扶桑日。

幽有鬼神，阳有福德。亏心方去，先凶后吉。

四爻：始虽难，终容易。
箭入云中，吉无不利。

弓开矢发，射中孤鸿。等闲人平，百事兴隆。

五爻：堪叹枕边忧，更嗟门里闹。
意绪甚萦缠，心神亦颠倒。

家法难调，人伦失教。早须化解，紫荆重好。

六爻：灭耳何由致，多因听不聪。
不能依勤戒，更有灭贞凶。

枕畔忧愁，门中吵闹。意结勾连，心神颠倒。

䷱火风鼎

初爻：鼎颠利出否，因败已功得。
妾以其子成，从贵且恩荣。

片帆困阻，偶遇篷风。鹏程万里，步广寒宫。

二爻：小子出门庭，青衣久问程。
贵人稍助力，花谢子还成。

孩提逢篮，指引在前。重重喜至，定产英贤。

三爻：有物不能食，有马不能骑。
悔吝终须有，其中意不迷。

风风雨雨，凡事有阻。立志忠贞，免其劳苦。

四爻：鼎折足，车脱辐。
有贵人，重整续。

香火倾圮，弃如敝屣。吉人目盼，其家兴起。

五爻：鼎耳黄金铉，调羹实有功。
际遇文明世，贤良恰易逢。

门庭和霭，万物光荣。天然造化，不意而成。

六爻：贵客自相亲，功名垂手成。
获金须积德，仰望太阳升。

祖宗阴骘，帝星照临。紫府有缘，早荷恩荣。

䷿火水未济

初爻：桑榆催晚景，缺月恐难圆。
若遇刀锥客，方知有喜缘。
父母之年，光阴每催。苦参训子，成名心遂。

二爻：险难危疑际，经纶拯救时。
居中行正道，凶散吉相随。
野渡汹汹，濡尾有凶。前途休进，坐上春风。

三爻：万里片帆轻，波平浪不惊。
舟行无阻滞，远路便通津。
许子在游，名利两就。腰缠万贯，跨鹤扬州。

四爻：得志行其道，三年伐鬼方。
有赏于大国，恩威遍八荒。
得操其权，征伐必克。济困扶危，佩恩感德。

五爻：芰荷香里许恩材，桂魄圆时印绶来。
从此威名山岳重，光辉玉节位三台。
莲贯月辉，高升在秋。出将入相，职列王侯。

六爻：勿饮酒，恐濡首。
不知节，失是苟。
中心安义，自然保和。耽酒不节，失是奈何。

䷷火山旅

初爻：琐琐不堪云，灾生迫近身。

志穷徒费力，四望野云屯。

空言无益，反费精神。慎言谨守，方免灾迍。

二爻：愁脸放，笑颜开。

秋月挂高台，人从千里来。

人去天外，倚望未回。喜皓魄明，游子荣归。

三爻：逆旅焚其次，俄然灾咎侵。

资财多丧失，僮仆亦离心。

孤鸿嘹呖，哀鸣独宿。旅次逢灾，丧其僮仆。

四爻：花落正逢春，行人在半程。

事成还不就，萦绊二三旬。

两月之内，孕产跨灶。求利未济，主人即到。

五爻：雉走开弓用矢图，须知浑使费工夫。

云霄紫气来相照，万里鹏程接太虚。

开弓发矢，努力存神。好音天降，得意前程。

六爻：憔悴无人问，林间听杜鹃。

一声山笛月，千古暗销魂。

隐居求志，忍听啼血。疏水荦仓，观泉鬓雪。

䷢火地晋

初爻：须著力，莫遨游。

长竿钓向蟾蜍窟，直欲云中得巨鳌。

磨穿铁砚，敲针作钩。朱衣点额，独占奎首。

二爻：一悲复一喜，受兹介福矣。

受其于王母，春风妍桃李。

愁云敝户，如扫埃尘。赐尔多福，推诚奉亲。

三爻：两两意和同，轻帆遇便风。

道逢人得意，凯歌急流中。

友人一口，顺送岸舟。经营满载，得意良谋。

四爻：念念多忧失，营谋思虑深。

持孤一女子，鼠叫厉方贞。

忧念萦怀，愁眉不开。阴人独立，暗想胡猜。

五爻：万里涉江山，风波尽日闲。

已吞钩上饵，何必虑波澜。

百年注定，枉用心机。笼鸡野鹤，贤愚知时。

六爻：志未成，道未合。

云遮月暗，风吹叶落。

谋求未遂，百事维艰。风云遮闭，上有青天。

☳震为雷

初爻：虩虩方震惧，周旋要谨防。
笑言还自适，灾祸变为祥。

霹雳震惊，不见其形。笑言未信，灾疾不侵。

二爻：无踪又无迹，远近终难觅。
旱海莫行舟，何劳空费力。

万虑俱空，所失休寻。陆地使帆，善守者津。

三爻：沧海波涛涌，扁舟又遇滩。
但存心里正，可保汝平安。

惊惶失志，进退无计。素位而行，清修日著。

四爻：白玉隐尘，黄金埋土。
久久光辉，也要人举。

有珠不吐，谁识是宝。床头万贯，交其有道。

五爻：心若千围甑，底事明如镜。
进退有猜疑，风波犹未定。

存心忠厚，立志高明。行坚德重，万里鹏程。

六爻：细雨濛濛湿，江边路不通。
道途人未达，凭仗借东风。

淹延阻滞，勿事勿宜。且待阳生，好音将至。

䷡雷天大壮

初爻：江阔渡无船，惊涛恐拍天。
月明云淡处，音信有人传。

早出则有，迟行不就。中秋露重，在此时候。

二爻：梨花开，正是春。
若言心下事，宜得一番新。

谦谦君子，贞吉无凶。利名双得，和霭春风。

三爻：平地起风烟，时下未能安，
高处觅因缘。

久居其间，事起萧墙。须借明镜，方免灾殃。

四爻：久静宜思动，灾消福自随。
利名无阻滞，任意好施为。

谋为快便，转否成泰。进无所阻，前程远大。

五爻：正直宜守，妄动生灾。
名达利通，叶落花开。

端然卓立，不宜出游。早凋晚翠，定在三秋。

六爻：君子如行壮，深虞戒过刚。
触藩难进退，谁道可无伤。

凡事谨慎，不可躁为。妄行无益，免致伤悲。

䷵雷泽归妹

初爻：归妹成于始，香浮水岸中。
桃李芬芳日，花开似锦丛。

两意和同，桂蓝蟾宫。香风袅袅，步月登龙。

二爻：门外事重叠，阴人多遇合。
贤女虽助巧，渺渺终难洽。

美玉无瑕，黄金失色。两子之掩，互改其宅。

三爻：巽女今归后，安然福有余。
白衣人送喜，喜得一封书。

旧事迟迟，新缘频聚。花开月圆，几多时候。

四爻：缺月再圆，枯枝又鲜。
一条坦路，翘首青天。

危兮复安，否兮泰来。足聂古道，悦而康哉。

五爻：心存柔顺德，中正以谦行。
如月方几望，惟当戒满盈。

才全德备，运用无穷。功名利达，福泽丰隆。

六爻：美红颜，休挂怀。
人在军中，舟行水里。

佳人绿鬓，迷魂之阵。恍惚乱行，素手呻吟。

䷶雷火丰

初爻：风波多历过，浪静如平渡。
行藏不费心，直达青云路。

辛苦曾经，操持老成。公车此去，有分前程。

二爻：日中辰见斗，先暗后须明。
上下相交遇，祯祥吉庆临。

阴阳错置，先难后易。相遇相投，瑞嘉骈集。

三爻：纷纷复纷纷，欷嘘独掩门。
敛眉望灯火，伴我坐黄昏。

沾衣不湿，吹面不寒。邻家晚烟，偷光展卷。

四爻：日中见斗因邪蔽，
正大光明彻九霄。

怀玉藏珠，得展霓虹。天香惹袖，信步蟾宫。

五爻：门内佳音来，生涯应有庆。
名利有更迁，雁行终拆阵。

青鸾报喜，财遂名成。同胞别业，各习一经。

六爻：风雨催花急，歌来却似悲。
夕阳当晚景，斜月上朱扉。

明暗未分，曲直未定。笑里藏刀，仰而未信。

䷟雷风恒

初爻：深潭月，明镜影。
一场空，妄报信。

名利虚荣，自到莫闻。夜静钗损，空照一轮。

二爻：风引雏飞入九霄，岂辞云路出逍遥。
翱翔得遇西风便，从此声名四海标。

君子当亨，前程无滞。一鹿持书，青云得志。

三爻：桥已断，路不通。
登舟理楫，又遇狂风。

上行无桥，下渡无舟。且自安分，免受忧愁。

四爻：井底探明月，风前拂羽毛。
工夫何太拙，只恐不坚牢。

畋猎无获，求谋未通。劳心费力，虽久无功。

五爻：湖水悠悠，孤舟浪头。
来人未识，残月山楼。

隐隐峰峦，片帆风卷。野岸山居，休认从权。

六爻：名利不和同，骤雨更狂风。
东风何事不相惜，吹落残花满地红。

只宜静守，振作无功。躁动防变，恐致于凶。

䷧雷水解

初爻：攀月桂，步蟾宫。

名标金榜，宴饮琼林。

秋风得意，大展经纶。玉堂佳器，振武维文。

二爻：万水波涛静，一天风雨间。

利名无阻隔，行路出重关。

青山不改，绿水长流。功名富贵，两次求谋。

三爻：小人当负荷，乘马反为忧。

自我招戎寇，虽贞亦致羞。

指实无实，两三劳役。欲休未休，全无端的。

四爻：湖海意悠悠，烟波下钓钩。

若逢龙与兔，名利一时周。

将台老叟，持竿为由。卯辰联捷，归佩封侯。

五爻：邪党散去，正直明来。

诚信相应，有德无灾。

秉公持正，进贤用能。德业日新，福量洪深。

六爻：一箭青云路，营求指日成。

许多闲杂语，番作笑歌声。

易长易退，易反易复。直上长安，加官进禄。

䷽雷山小过

初爻： 物不牢，人断桥。
重整理，慢心高。

圯桥栈道，退顺进逆。度入量出，妄为无益。

二爻： 恭让且贤良，忠贞自吉祥。
立身行正道，灾祸不侵伤。

去留皆可，不用忧愁。光明正大，任意谋求。

三爻： 深户要牢扃，须防暗里人。
莫言无外侮，纵好受邅迍。

居地不安，勿虚门庭。更易改变，免堕陷阱。

四爻： 位高而处卑，功高而居让。
随时且变通，福星多兴旺。

小人道长，君子空防。随机应变，转祸为祥。

五爻： 空、空、空，空里得成功。
蟠桃千年熟，不怕五更风。

白手兴家，辛苦中来。丰衣足食，苗插桑栽。

六爻： 以阴居过极，飞鸟致凶灾。
若能守谦抑，祯祥福庆来。

心乱如麻，妒雨催花。狂风顿止，云散月华。

☳☷雷地豫

初爻：梦中人，潭里月。
　　有影无形，圆中防缺。

轰雷震地，鸣豫初凶。心怀抑郁，忧闷忡忡。

二爻：凿石得玉，淘沙得珠。
　　眼前目下，何用踌躇。

千磨百炼，务本勤耕。不负寸阴，获璧遗金。

三爻：闻不闻，见不见。
　　只缘好事也多愁，更防暗中人放箭。

进退无定，心志不安。忧疑未决，何日心宽。

四爻：名遂勿忧煎，春风路坦然。
　　更垂三尺钓，如意获鳞鲜。

功成业就，乐道优游。有田可耕，有水垂钓。

五爻：日月蔽朦胧，光辉不可通。
　　几多江海客，进退未成功。

君居贞疾，人臣反刚。秉权倚势，惟恐中伤。

六爻：得钓寒潭，中途兴阑。
　　水寒鱼不饵，小艇月明还。

食风早去，宿水更阑。烟波名利，到头皆闲。

䷸巽为风

初爻：进退须防险，刚中利武贞。
巨舟千里泛，东北振名声。

出入忧疑，少实多虚。惟宜振武，坐拥高车。

二爻：下着占先机，其中路不迷。
目前无合意，怎免是和非。

世事如棋，见机而著。周急扶危，可保安乐。

三爻：因吝得疑猜，疑猜事莫谐。
影端形自直，正已律人乖。

志穷力尽，猜疑则甚。遇巳逢辰，谋为可定。

四爻：江海悠悠，烟波下钩。
六鳌连获，歌笑中流。

乾坤浩荡，四民百工。丝纶持定，万事从容。

五爻：图前当虑后，揆度复叮咛。
举事虽先阻，终须获吉亨。

鹊声报喜，燕语传情。两庚命令，所以终贞。

六爻：一月缺，一镜跌。
不团圆，无可说。

不叩自鸣，铜山西崩。子不离母，万物还元。

䷈风天小畜

初爻：同心方合志，吉庆亦相成。
守正安常道，前程自显荣。
云散天青，轻舟宿汀。东方日出，乐亨天真。

二爻：金鳞入手，得还防走。
若论周旋，谨言缄口。
休言容易，守口如瓶。物收仔细，防意若城。

三爻：阴长阳消事可伤，夫妻反目废纲常。
断桥走马须当慎，脱辐辕车更忖量。
阴胜阳衰，以致内乖。存心守正，可免凶灾。

四爻：上下不和同，劳而未有功。
出门通大道，从此保初终。
思之为美，终无怨心。众口一心，概地黄金。

五爻：彼此相孚信，自能通有无。
他时逢患难，众力亦帮扶。
石中韫玉，顽铁成金。鹏程万里，不用劳心。

六爻：欲迁而不迁，喜处若勾连。
倘得阴人助，鱼龙出大渊。
出入未定，得幽中济。舍己从人，一跃千里。

䷼风泽中孚

初爻：一点著阳春，枯枝朵朵荣。
志专方遇合，切忌二三心。

寂寂寥寥，投分难交。但得东风，深培根苗。

二爻：鹤鸣和子本诚心，千里相传自有音。
谋望须成图心遂，两重喜事在秋深。

月映层楼，簾垂玉钩。银蟾千里，光满清秋。

三爻：欲行还止，徘徊未已。
动摇莫强，得止且止。

三心两意，不决怀疑。且自守己，枉用神机。

四爻：翠减红妆思异缘，倚栏惆怅闷恹恹。
多情不得同欢庆，辜负春三二月天。

多阻多忧，或悲或喜。瞬夕韶光，顷刻千里。

五爻：倾一杯，展愁眉。
天地合，好施为。

情绪关心，嗟叹呻吟。若问前程，孝顺双亲。

六爻：鸡岂登天翼，虽贞亦且凶。
花开逢骤雨，又怕五更风。

不宜妄进，恐有疏虞。谨身保守，方免差池。

䷤风火家人

初爻：治家元有道，所贵在提防。

成法宜先定，当于未变详。

处中能正，家道自昌。庭前膝下，两两双双。

二爻：一镜破，照两人。

心中结，合同心。

鸾凤钗梳，各怀一股。两次新人，和鸣旧普。

三爻：家人怨，妇女嘻。

凡事少留迟，终多吝与厉。

桃李映门，溪山绕屋。外象有余，内中不足。

四爻：珠玉走盘中，田园定阜丰。

休言心未遂，此去一时通。

田舍山人，贯朽粟陈。珍奇上献，奏名功成。

五爻：中正居尊位，交相爱六亲。

怡然家道顺，百福自来臻。

相爱相助，和气盈前。名成利就，不用忧煎。

六爻：心下事悠然，周旋尚未全。

逢龙终有庆，人月永团圆。

妻财了禄，常挂不足。三五良宵，金辰为福。

䷩风雷益

初爻： 大事可成功，有益还无咎。
云中执鞭人，报在三秋后。

功名富贵，吉神相佑。金菊芙蓉，桂芳时候。

二爻： 得损还须益，获宝可荣归。
片帆千里远，其中三雁飞。

欲动欲静，可羡可奇。水边活计，名利皆宜。

三爻： 无踪无迹，远近难觅。
旱海莫行舟，何劳空费力。

追风捕影，水底捞月。失物休寻，弄巧成拙。

四爻： 得中行正道，益下以为功。
到处无相碍，何人不听从。

桂蕋芬芳，花开玉堂。名登天府，袖惹衣香。

五爻： 子结残花，花开枯树。
屋头春意，喜笑嘻嘻。

少时不利，老来安逸。晚景岂条，儿孙得力。

六爻： 求益不知止，人情恐恶盈。
立心无恒定，外变忽然生。

当进逢凶，当退亡危。水边木上，花残月亏。

䷺风水涣

初爻：云静月当空，光辉到处通。
道途逢顺水，千里快如风。
玉兔独明，普照万方。名利得意，不用心忙。

二爻：时方当涣散，尚有所依承。
俯就知心事，危中亦可凭。
危中获安，理能御气。不用忧煎，终须遂志。

三爻：望处几重山，高深渐可攀。
举头天上看，明月出人间。
困守经年，盘藤而旋。步入贤关，五福俱全。

四爻：宾主两同心，同心事可成。
江风吹好梦，跨鹤上青云。
大人利见，大川利涉。元吉前程，光大可决。

五爻：不归一，劳心力。
贵人携，宜借力。
费尽波查，所作无益。必借东风，从此多积。

六爻：去血斯无咎，居当远害伤。
桃花方结实，纵好怕经霜。
远之不伤，近之不律。相反相违，笑颜如泣。

䷴风山渐

初爻： 已达平安地，前途好进程。
绿杨芳草地，风快马蹄轻。

养志林泉，笑傲优游。风清月朗，舟泊岸头。

二爻： 阆苑一时春，庭前花柳新。
鹊声传好信，草木尽欣欣。

蓬莱瑶岛，三山福地。茂林阴翳，桃源无比。

三爻： 花结雨泥中，摧残任夜风。
幽窗休叹息，犹在梦魂中。

征鸿在陆，夫征不复。凶利御寇，妇孕不育。

四爻： 欲捉月中兔，须凭桃李梯。
高山来接引，双喜照双眉。

丹桂高攀，姮娥宫里。子贵孙贤，联登高第。

五爻： 久否未通泰，前途渐坦夷。
终须偕素愿，折取最高枝。

百凡谋望，先难后易。顺水行舟，遂心如意。

六爻： 迷不迷，宽不宽。
一场双喜，徐出重关。

升楼去梯，恋五车书。利名有分，不负冠儒。

䷓风地观

初爻：野鬼暗张弧，射中主人惊。
红日沉江海，空中事不成。
心田可种，典谟可耕。正大光明，任尔闲争。

二爻：卦体俱柔顺，窥观利女贞。
达人当大显，窥视岂刚明。
乐处安身，观察民情。秋来豹变，见虎不惊。

三爻：双燕衔书舞，指日一齐来。
寂寞淹留客，从兹下钓台。
尘埋数载，且待时来。一日身荣，喜笑盈载。

四爻：得为霖雨润丝纶，正值花开锦绣春。
麟阁标名成国器，坐观变化应文明。
仕途显达，得志亨衢。门庭吉庆，福禄有余。

五爻：云霭霭，月朦朦。
一雁入林中，残花谢晓风。
碧空薄雾，孤鸿独唳。烟花败柳，一阳再辉。

六爻：君子能观省，修身克尽诚。
不观心自化，神志始安平。
高眼垂青，幽居必贞。一封锦字，千里帆轻。

䷜坎为水

初爻：海底珠难觅，须防坎陷凶。
栽培无限力，春尽一场空。
似易似难，中有间关。风狂浪大，舟浅沙滩。

二爻：梦里说江山，波深下钓难。
利名终有望，目下未开颜。
文魔著尔，且待其时。天涯有路，徐徐而入。

三爻：舟行防水厄，车破不堪行。
且守坎中险，防危勿用惊。
且不可近，亦不可亲。雨中花落，云散月明。

四爻：莫怪事迟留，休言不到头。
长竿终入手，一钓上金钩。
少壮未遂，好合厮守。利名终济，莫用忧愁。

五爻：喜鹊噪前楹，惊回梦不成。
虽然无个事，也虑是非行。
满而不溢，中平无咎。高而不危，终能俯就。

六爻：疑、疑、疑，一番笑后一番悲。
落红满地无人扫，独对西风掩黛眉。
百岁人生，光阴有几。昔畏君扳，今谁扫矣。

䷄水天需

初爻： 过尽山前后，艰阻往来难。
若得清风便，扁舟渡远山。
北去南来，几许杜鹃。利求西东，衣食丰隆。

二爻： 险难将相及，刚中且待时。
浮言虽小害，终是吉无疑。
欲进防危，安居必虑。水边花下，欣然而遇。

三爻： 君子升，小人阻，征战生离苦。
前有吉人逢，信在马牛人在楚。
事可忧，要营求。
胡笳一曲，别泪千行。君哉努力，金印还乡。

四爻： 有阻亦有节，先忧后吉趋。
谨慎终无败，灾消祸亦消。
欲进不稳，且退便休。宜正宜顺，可望可求。

五爻： 久历惊涛，东风便好。
太平身退，目下尚早。
踏遍红尘，雷鸣春雨。不用嗟吁，一丈而遇。

六爻： 不速三人至，相逢敬待之。
得全实主意，恩泽四方施。
不期而会，皆缘前定。德沛恩荣，宜恭宜敬。

䷻水泽节

初爻： 户庭不出姓名香，安乐林泉道自昌。
如待四方重照日，捧持君节出金方。
深居静处，笑乐优游。贵知通塞，却胜公侯。

二爻： 休眷恋，奔前程。
终闹乱，出门庭。
恩爱休贪，图而无益。禄马匡扶，行而多力。

三爻： 立身从俭约，财禄自丰盈。
安节常能守，施为尽坦平。
先嗟后笑，破屋重修。若问谋为，宜在三秋。

四爻： 用则行，舍则藏。
一鹿出重关，佳音咫尺传。
旋弥六合，卷藏于密。君占前程，听鸣蟋蟀。

五爻： 喜鹊噪高枝，何愁是与非。
灯花传信后，宴罢醉扶归。
居位中正，甘节之吉。志在四方，挺然而立。

六爻： 渴穿井，饥画饼。
漫劳心，如捕影。
藏器待时，事预则立。勿至临期，济之何及。

䷾水火既济

初爻：鹿逐云中出，人从月下来。
新欣生脸上，不用皱双眉。

欢从天降，远觅衣禄。千里相逢，且歌新曲。

二爻：时方云既济，遽进却非宜。
思虑惟能谨，灾消福有余。

推车濡尾，无咎可忧。千里行人，既济扁舟。

三爻：入而易，出而难。
恹恹到再三，交加意不堪。

进退两间，前程分限。且交九九，可望山山。

四爻：落红满地乱交加，一点中心事若麻。
若得贵人相指引，春风桃李又开花。

志心诚意，中正自持。自然发福，何必待时。

五爻：施积将贻后，牲牢享近神。
功名成两字，回首一时新。

祖宗阴骘，祭祀血食。一线牵连，先空后得。

六爻：小舟防滞患，秋木忌凋残。
纵有登临兴，中途兴已阑。

事多更变，慎防是非。月明云掩，久久光辉。

䷂水雷屯

初爻：不得进步且盘桓，大得民心众所欢。
驻马问人溪上路，一重山绕一重山。

守正不失，德业惟新。近谋远遂，贵客通津。

二爻：事迟志速，而且反复。
直待岁寒，花残果熟。

功名事业，自有时节。松柏梅花，能耐凛冽。

三爻：逐鹿还失鹿，求名未得名。
林中有佳信，去后尚荣荣。

迍邅不利，心多犹豫。凡事缓图，不可强取。

四爻：乘马班如，求婚贞吉。
随时谐议，缺月重明。

乾元亨利，禄马两全。小登科第，百世因缘。

五爻：凡占小事吉，欲卜大谋凶。
膏润无施展，虚名未有功。

舍屯宜守，妄动无功。虚名虚利，到底成空。

六爻：不足不足，难申心曲。
野塘雨过月如钩，梦断邯郸眉黛蹙。

巫山起雾，此心自悦。雨过南轩，上弦新月。

䷯水风井

初爻： 月在云间，昏迷道路。
云收月明，皆宜进步。

玉兔分明，人间虔祷。山斗垂光，营求方妙。

二爻： 九仞居成后，千重不惮劳。
要逢欣乐地，先必见号咷。

居贞无应，困辱何尤。清静为贵，当戒妄求。

三爻： 安静事难疑，云中一雁飞。
桃花逢骤雨，水畔女频啼。

栖止不定，听孤鸿声。蓝桥水涨，天台路疑。

四爻： 开物重修治，忻然巧匠逢。
青松四时秀，不畏雪霜风。

春色枝头，光映玉楼。佳音可待，谈笑功收。

五爻： 美有甘，甘有美。
始有终，终有始。

一路功名，始末奇才。调羹之臣，职列三台。

六爻： 博施能济众，时可大施为。
有孚休厌倦，元吉大亨通。

可储可蓄，尺土寸珠。停停稳稳，还人良图。

䷦水山蹇

初爻：岸阔水深舟易落，路崎山险步难行。
从容自有通津处，目下幽窗日未明。

峻岭江城，戒尔登临。目前幽暗，他日光明。

二爻：蹇利西南吉，须防东北时。
鞠躬能尽力，终到凤皇池。

蹇而又蹇，谨慎从容。利名终遂，定步蟾宫。

三爻：事虑淹留，人不彻头。
往来闭塞，要见无由。

侯门海深，不得而入。早宜回首，乃为多益。

四爻：欲上青云路未通，几番思虑付东风。
水边音信重回首，财利声名两得从。

小艇遇风，急宜回避。浪静风收，方才得济。

五爻：道路任招呼，风波一点无。
时间心绪乱，全仗贵人扶。

吉人指教，方可同途。心神恍惚，守自有余。

六爻：二月东风满上林，西风爽朗月华明。
蟾宫丹桂高攀折，倒缀仙桃向禁庭。

一对鸳鸯，日暖荷芳。山明水秀，环佩叮当。

䷇水地比

初爻：建国安邦比牧侯，和民蓄众乐忘忧。

群鸿列阵飞霄汉，彩凤高腾万里游。

林木芳菲，景物鲜新。旗开得胜，箭中红心。

二爻：一人去，一人来。

清风明月两相猜，获得金鳞下钓台。

山中宰相，江湖廊庙。循环林泉，笑傲逍遥。

三爻：口舌终须有，金樽恐有伤。

污泥难出没，特拔在忠良。

逢凶化吉，遇难成祥。山前白石，尽化为羊。

四爻：无端风雨催春去，落尽枝头桃李花。

枕畔有人歌且笑，教君心下乱如麻。

柳陌花街，娇妖裙钗。欢娱宿债，善脱奇哉。

五爻：比贵相亲辅，虽常助太阳。

佳珍良匠琢，得宝在坤方。

老蚌产珠，石中怀玉。浪静波平，云中鹤鹿。

六爻：喜未稳，悲已遭。

大雨狂风吹古木，人人尽道不坚牢。

乐且未周，忧而即有。虽云根深，还防樵手。

☶艮为山

初爻：不分南北与西东，干禄求财事事通。
步入青云终有路，此回成始又成终。
陆行乘马，水路登舟。前途平稳，无虑无忧。

二爻：易非易，难非难。
欢须两三番，忽地起波澜。
能尽思退，能健思艰。安得如初，久令勃然。

三爻：忧在萧墙内，将来悲见伤。
预防于未见，可转祸为祥。
乱绪纷纷，作事屯屯。修身律己，可免灾侵。

四爻：止止止，有终有始。
似月如花，守成而已。
知足知止，一生少耻。物色天然，风恬雪霁。

五爻：言皆中正理，悔吝自然亡。
莫叹成功晚，春来事事昌。
中正立身，藏器待时。得逢大运，不在早迟。

六爻：宝镜无尘染，金貂已剪裁。
已逢天意合，终不惹尘埃。
清光明爽，兴造物游。良友契合，肥马轻裘。

☶☰山天大畜

初爻：飘然一棹去如梭，万里风涛得意过。
直欲钓鳌终有得，蓬瀛此去路无多。

云散风收，好驾扁舟。名成利就，直在三秋。

二爻：蜗角蝇头利，而今已变通。
草头人笑后，宜始不宜终。

功名事业，谁不欢悦。过则伤廉，如日照雪。

三爻：乘骑求谋进利贞，傲霜松柏四时青。
云中相送仍相赠，龙虎成名禄位尊。

姻缘配偶，相合相宜。功名富贵，愈出愈奇。

四爻：鹊噪高枝上，人行古渡头。
半途事不了，落日转生愁。

鸟鸣非喜，中道而废。目前奇迹，久则不济。

五爻：浪隐波平好下钩，何须疑虑两三头。
蟾光皎洁云霞净，照彻乾坤百二州。

功高德重，辅佐良臣。调羹和鼎，永播声名。

六爻：事有喜，物有光。
终始好商量，壶中日月长。

交之以道，接之以礼。先后如初，可托万里。

䷨山泽损

初爻：喜喜喜，终防否。

获得骊龙项下珠，忽然失却还沉水。

金蛋鸥禽，沧江几深。两羽到手，珠落难寻。

二爻：望断浮云事转虚，相逢陌上意踌蹰。

当时许我平生事，及到终时不似初。

欢欣好恰，番成一梦。云散月明，桓苗三弄。

三爻：事未完，心未安。

疑虑久，得安然。

本末先后，周之则安。彷彷徨徨，思之则全。

四爻：银汉净无云，天中月正明。

若逢龙与虎，唾手得前程。

事事团圆，岂非偶然。得逢良匠，指点真传。

五爻：剖石得玉，掇玉得珠。

眼前目下，何用踌蹰。

且勤淘沙，而得真金。虽用坚心，造化在人。

六爻：惠而无所费，酌损得其宜。

人乐来归己，安然福禄齐。

先损后益，自然贞吉。雪里梅花，忻逢暖日。

䷕山火贲

初爻：乘车不用却徒行，千里驰驱道未平。
林内虎声惊复啸，几回心绪更纷纷。

先劳后益，不用忧煎。遇牛逢马，使得安全。

二爻：月已圆，花再发。
事悠悠，无不合。

求谋远遂，一色鲜妍。情同鱼水，天意人缘。

三爻：门庭多喜庆，润色更增光。
直待龙逢虎，金兰自有香。

东风借力，好向天涯。大人荐引，明月芦花。

四爻：曲中应有直，心事还成寂。
云散月重圆，千里风帆急。

方能制圆，绳能制直。思行遇明，远行有益。

五爻：好事从天降，门阑喜气新。
去奢从俭约，终保大元亨。

一物可守，一事挂口。水落月圆，自然长久。

六爻：明月重圆，颜色欣然。
风云相送，和合万年。

好事在天，从人之善。龙虎际会，世系绵绵。

䷚山雷颐

初爻：红叶无颜色，凋零一夜风。
邻鸡醒午梦，心事总成空。

才子佳人，新诗和应。午夜鸡声，觉来泡影。

二爻：舍东以就西，重山可立基。
江边人过处，一女抱寒啼。

龙行往东，羊走向西。堆金积玉，双果花枝。

三爻：事宜休，理多错。
日掩云中，空成蟾阁。

且停妄为，逢巫事，有阻隔，物作虚无。

四爻：虎视眈眈吉可舒，山前著力度须臾。
功名自有泰来日，遇鼠逢牛使可图。

事防颠坠，交宜和气。谋望必成，先难后易。

五爻：进不安，退不可。
上下相从，明珠一颗。

出入突兀，吞却针线。强勉周全，必动金钱。

六爻：迢迢临水复临山，路出西南涉大川。
若得东风相助力，功名财利两全完。

忠节久持，逢君不迷。舟平浪静，任意施为。

䷑山风蛊

初爻：敝极宜修整，前人旧有规。
意承须改变，损益亦随时。
忠贞诚实，可委可托。谨慎周旋，无差无错。

二爻：暗去又明来，忧心事可谐。
终须成一笑，目下莫疑猜。
朝云暮雨，心然口变。情干肺腑，意惹思连。

三爻：久弊应难革，须防损失多。
见机知进退，终是保安和。
月有亏盈，河浊又清。纵逢歹事，端坐不惊。

四爻：可以委，可以托。
事迟迟，无差错。
用人得力，必没谄谬。从容进步，万事皆就。

五爻：一月出层云，江河彻底清。
湛然无点翳，谋望等闲成。
笑傲优游，不事王侯。浮云变态，乐隐田畴。

六爻：深渊可钓，幽林可罗。
只用恒心，不必狐疑。
求谋有望，最要心专。见兔放鹰，高矢低竿。

䷃山水蒙

初爻：门外起干戈，亲朋两不和。
朱衣临日月，始觉笑呵呵。
嫌贫妒富，五亲不睦。是非逸散，公处雀角。

二爻：花谢枝头果实多，好音来矣莫蹉跎。
含容纳妇宜家吉，不比初谋悔吝过。
片月渐明，花残又新。半途不了，此举欢欣。

三爻：取女无攸利，花开又及秋。
严霜将荐至，退步不存留。
姻戚不久，谋事缓求。叶落经秋，小子啾啾。

四爻：穷困方蒙昧，中心吝可忧。
须求诚实者，方可免贻羞。
宜戒花酒，莫恋外财。志诚谨守，百事方谐。

五爻：乘病马上，危坡防失，跌见蹉跎。
行舟走马，防覆慎仆。登高恐危，省免劳碌。

六爻：万里统征戎，威武冠群雄。
借问成功日，风虎会云龙。
彼方蒙昧，须用意攻。当宜谨密，多吉少凶。

䷖山地剥

初爻：上接不稳，下接不和。
相缠相扰，平地风波。

动则多损，安则有益。内外消索，全不得力。

二爻：床剥转侵残，谋安未见安。
晚江桃李绽，惊蛰雪霜寒。

休陷他人，须防自身。若能守正，方免灾迍。

三爻：玉石犹蒙昧，那堪小侮多。
终无咎，笑呵呵。

阴霾蔽日，霪雨浸花。碧天云敛，明朗方佳。

四爻：剥至事堪伤，阴人恐在床。
朝云无定处，暮雨又何方。

枕畔相思，犹如暗日。风雨催残，退身为吉。

五爻：圆又缺，缺还圆。
低低密密要周旋，时来始见缘。

月有弦晦，人有富贫。天地无心，滕阁吹吟。

六爻：至德覆群阴，爻辞君子贞。
一朝丹诏至，好待及时迎。

君子得舆，小人剥庐。贞在中正，福禄有余。

☷坤为地

初爻：阴气方浓始履霜，待时旋转见阳刚。
云中一力搀扶起，水畔行人在北方。
今日明朝，明朝今日。只觅欢欣，何劳忧慽。

二爻：千里从征造化通，功名神助兔蛇逢。
波涛风月幽闲在，成就无烦心事中。
将一新令，四海澄清。风动雷鸣，鼓舞升平。

三爻：含章虽有喜，进退且需时。
丹诏从天下，风云际会时。
始觉先难，终知后易。相合相生，天时地利。

四爻：路不通，门闭塞。
谨慎提防，云藏明月。
出入古道，更改门间。退身避位，阴障自除。

五爻：冠冕垂衣治，安身文史中。
不须操武略，跨凤又乘龙。
安居乐享，福禄绵绵。至善至美，喜庆双全。

六爻：月缺花残，镜破钗分。
休来休往，事始安宁。
鼓盆之歌，危弦继和。风息雪消，好事如何。

䷊地天泰

初爻： 东边事，西边成。

风动月华明，高楼弄笛声。

事业可图，姻缘凑巧。登眺吟风，光辉歌妙。

二爻： 拟泛孤舟出翠微，溪边垂钓白鱼肥。

就中无限烟波景，钓罢金鳞满载归。

刚能果断，荒秽包容。不偏不倚，正道中庸。

三爻： 和不和，同不同。

进退须防终有功，翻云覆雨几成空。

出入乏人，吉时不到。待合而行，休生烦恼。

四爻： 进步忽生疑，安居有福基。

月明云散后，万里见光辉。

小人作祟，君子宜防。施恩布德，免受其殃。

五爻： 添一人，获一宝。

事团圆，门外讨。

贤女相夫，无价之珠。善人为邦，千锺有余。

六爻： 泰极得成否，歌声曲已终。

若随心主定，不惜五更风。

乐之极矣，悲之将至。退步无忧，趋前失势。

䷒地泽临

初爻：生平乐奏五弦琴，流水高山未遇音。
一日乘槎泛牛斗，始知金阙万重深。
妄行有失，谨守无虞。平生事业，缓缓徐徐。

二爻：和合事，笑谈成。
佳音在半程，平步上青云。
天意人缘，造化物就。中年名利，所求皆有。

三爻：积小成功路渐通，好将舟楫趁西风。
腰间剑气冲牛斗，求利求名有始终。
二龙争珠，一得一失。名利两全，不须费力。

四爻：事团圆，物周旋。
一往一来，平步青天。
内外得体，豪杰用之。纵横礼乐，爵禄正齐。

五爻：智大能临下，柔高可胜刚。
太阳光彩处，普照十千方。
雨过园林，花枝转新。求谋遂意，定有佳音。

六爻：朦胧秋月映朱扃，林处鸡声远处生。
自有贵人来接引，何须巧语似流莺。
午夜漏声，窗影鸟鸣。鹊噪南枝，捷报尘飞。

䷣地火明夷

初爻：垂翼遥飞去，皆因避远行。
一途经济意，又是满园春。

身心发动，谋求经营。衣禄盈足，鬓似垂星。

二爻：若问行藏事，行藏事可求。
暗云风卷尽，明月满层楼。

身心恍惚，神驰不定。云散月明，漫歌小令。

三爻：虚名虚位久沉沉，禄马当求未得真。
一片彩云秋后至，去年风物一时新。

衣冠文物，九浮之任。祥光呈瑞，燕厦方殷。

四爻：一登尊禄位，不可望凌高。
恐有夷伤日，垂钩阻钓鳌。

万事碌碌，美中不足。七纵七擒，一反一复。

五爻：事关琐，谨提防。
小节不和，徇成大殃。

心思乱绪，留神密固。忍辱自解，保其祸无。

六爻：一足踏两船，一镜照两边。
团圆专费力，费力又团圆。

一人两心，一车两头。清风明月，笑傲优游。

䷗地雷复

初爻：垂钓在沧浪，金鳞入手看。
等闲长笑罢，风月满前川。

志在沧州，笑傲五侯。一歌一曲，欢乐自由。

二爻：悲后笑嘻嘻，中行道最宜。
所求终有望，不必皱双眉。

先忧后乐，否极泰来。营求称意，欢欣心怀。

三爻：屡失又屡获，多败亦多成。
择善宜坚守，何愁怨咎生。

一开一关，进退多般。浮云扫尽，始见青山。

四爻：临渊放钓，清绝点埃。
巨鳌随得，不用疑猜。

登高有望，涉水有利。正行大道，是出尘世。

五爻：五湖波浪静，明月照扁舟。
垂竿惟直钓，全鳌钓几头。

乱者复治，往者复还。凶者复吉，危者复安。

六爻：进步且徘徊，春风柳絮催。
水边行客倦，枕畔有忧怀。

商量营求，薰香惹袖。力竭思还，培修无咎。

䷭地风升

初爻：明月为钩，清风作线。
举网烟收，锦鳞易见。

踏雪寻梅，对月酌酒。律吕为朋，诗书为友。

二爻：东风吹动树间莺，出谷高迁出上林。
晴霁闲云皆卷尽，秋江皓月十分明。

处事无虚，常存诚敬。正大光明，磨而不磷。

三爻：舟离古渡日离云，人出重关好问津。
且向前行求去往，何须疑虑两三旬。

坐守经秋，光阴累积。今日时至，垂手而得。

四爻：积大先须小，求升好在卑。
园中双李绽，明月正光辉。

聚少成多，志在谦和。光风霁日，明月清波。

五爻：佳信至，见笑颜。
飞腾一去，披云上天。

故人千里，动容周旋。前程有分，书报平安。

六爻：上六冥升利，须还不息贞。
鹊音来报喜，咫尺步青云。

迎云捧日，正丽中天。利名皆美，事事团圆。

䷆地水师

初爻：出师以律方无咎，征战提防克敌功。
一轮明月阴云敝，想应还须否臧凶。
心中郁郁，百事匆匆。瞻前顾后，慎始慎终。

二爻：秋月云开后，薰风雨过时。
若逢楚国旧知己，等闲一荐不须疑。
皓魄当空，普照万方。故人相会，喜沐清光。

三爻：进退皆无位，舆尸必主凶。
马奔坤地远，天道又疑东。
不中不正，吉也成凶。若能专一，终建奇功。

四爻：青毡终复旧，枝上果生风。
莫谓一时喜，还疑此象凶。
名利未济，果蒂未实。营求少遂，守之不失。

五爻：心事郁匆匆，荣而未有功。
危桥伫立休回首，盼望云间信可通。
劳心劳力，有损无益。直待龙吟，云开见日。

六爻：谋已定，事何忧。
金鳞已上钩，功名一网收。
劳心劳力，丰衣足食。筹而执闲，名利两得。

䷎地山谦

初爻：恐惧忧煎，皆在目前。
若逢明鉴，指破空传。
采薪之忧，萧墙之变。文书天降，一断天然。

二爻：运蹇时乖莫强求，得安身处且优游。
若逢天上人相问，好问生前鸾凤俦。
功名富贵，如马横奔。妻财子禄，秋色平分。

三爻：劳心劳心，劳心有成。
清风借力，欢笑前程。
刺股悬梁，负薪挂角。志在功名，先忧后乐。

四爻：㧑谦无不济，手足得良朋。
雷在山下发，扁舟顺水行。
诚实君子，谦谦自卑。大川虽险，利涉无危。

五爻：燕语莺啼，花开满溪。
醒来春梦，无奈攒眉。
草木知春，鸟倦飞还。沧海桑田，绿水青山。

六爻：风云际会在云端，一望天高宇宙宽。
万里风帆应不远，幽人从此出尘寰。
有功不伐，所以成功。以谦自守，谁不听从。